写给中国儿童的名

女科学家
居里夫人

张芳 ◎ 主编

东北师范大学出版社
NORTHEAST NORMAL UNIVERSITY PRESS

写给中国儿童的名人传记故事

前 言

名人故事是名人一生经历的总结，可以点燃孩子心中的激情与梦想。许多伟大的历史人物在青少年时期，就把名人作为自己的榜样，并从他们的人生经历中汲取营养，借鉴经验，并确定自己的人生目标，汲取动力。孩子在阅读名人故事的过程中，可以从名人身上吸取成功的经验，学习他们为获得成功养成的良好品质，以及面对困难时的积极、乐观的态度，以及刻苦努力、坚持不懈的精神，从而让自己在成功路上少走弯路。

为此，我们特邀众多国内权威教育专家与一线教育工作者一起编写了这套"写给中国儿童的名人励志故事"丛书。这套书精选了爱因斯坦、牛顿、贝多芬、居里夫人、富兰克林、爱迪生、霍金、诺贝尔、乔布斯和比尔·盖茨共十位极具代表性的国外名人，用生动、优美的语言详略得当地讲述了他们奋斗的一生。霍金虽身患重病但依然坚持科学研究，贝多芬不向命运低头，比

尔·盖茨用软件改变世界……孩子在这些名人故事中可以领略到不同行业的风景,获得人生智慧,感受名人魅力。

这套书不是简单地堆砌名人材料,而是选取他们人生经历中富有代表性或趣味性的故事,以点带面,从而折射出他们丰富多彩、不拘一格的个性和波澜壮阔、充满传奇的人生。另外,我们在每个章节后面,都设置了一个"成长加油站",将名人故事与孩子成长过程结合起来,从而使孩子收获成长的养分;而"延伸思考"版块则根据章节内容,向读者提问一到两个问题,引导孩子深入思考,获得启发。

希望在这些名人的陪伴下,我们的小读者能够茁壮、健康地成长,成为对国家和社会有益的人!

目　　录

第一章　小女孩玛妮雅 …………………………………… 1

第二章　第一次认识物理仪器 …………………………… 5

第三章　在西科尔斯卡学校的黑暗日子 ………………… 10

第四章　厄运接连而至 …………………………………… 15

第五章　父亲的影响 ……………………………………… 21

第六章　加入"流动大学" ……………………………… 29

第七章　家庭女教师 ……………………………………… 34

第八章　第一次进入实验室 ……………………………… 41

第九章　在巴黎艰辛求学的岁月 ………………………… 45

第十章　异国情恋终成眷属 ……………………………… 55

第十一章　研究放射性现象并发现钋 …………………… 60

第十二章　在棚屋中提炼纯镭 …………………………… 66

第十三章　获得博士学位 ………………………………… 73

第十四章	痛失至爱，独自撑起一片天	82
第十五章	亲手创建巴黎镭研究院	91
第十六章	战争中的无私奉献	97
第十七章	来自美国的1克镭	105
第十八章	建立华沙研究院	113
第十九章	最后的时光	118

第一章　小女孩玛妮雅

1867年11月7日,波兰首都华沙。在弗瑞达路上的一个收寄宿生的女校内,一个小女孩诞生了。她就是玛丽·居里。

玛丽·居里的父母都是知识分子,她的父亲乌拉狄斯拉夫·斯可罗多夫斯基从圣彼得堡大学毕业以后,回到华沙,成了一名教师,教学生数学和物理学。并于1868年被任命为诺佛立普基路中学教师兼副督学。而她的母亲将女校办得很成功。

玛丽·居里是斯可罗多夫斯基夫妇的第五个孩子,她的母亲亲昵地叫她玛妮雅。在玛妮雅四岁那年,斯可罗多夫斯基一家到乡下去度假。在这里,玛妮雅开始接受"教育"。

玛妮雅的姐姐布罗妮雅已经上学了,每天布罗妮雅都要完成老师及父母给她布置的学习任务。一天,布罗妮雅觉得一个人学习太枯燥了,就假扮成老师,教妹妹玛妮雅学习字母。玛妮雅从小就非常喜欢学习,而且还非常聪明,有着惊人的记忆力,只要是她看过的书,都能够流利地背诵出来。所以,小玛妮雅非常喜欢玩这种"教师游戏",一连好几个星期,她都扮演着"学生"的角色，认真听"老师"讲课。慢慢地，她掌握了一些字母和单词。

一天早晨，斯可罗多夫斯基夫妇要检查布罗妮雅的学习情况，玛妮雅也站在一旁观看。布罗妮雅站在父母面前，紧张地拿着课本朗读起来，可是，书上好多字她还没有掌握。短短一句话，布罗妮雅要停顿好几次才勉强读下来，读得结结巴巴的，让人听不明白。这时，站在一边的玛妮雅听不下去了，她走过来，从姐姐布罗妮雅手里拿过那本书，非常流利地读出了第一句话。

斯可罗多夫斯基夫妇没想到一个只有四岁的孩子，从来没有接受过任何正规的教育，竟然能够这样流利地将书上的内容读出来。他们非常震惊，以至于忘记了说话，只是静静地看着眼前这个自己最小的女儿。周围的寂静让玛妮雅非常得意，于是她继续朗读起来。可是，她很快变得惊慌起来，因为她看到了父母震惊的脸庞，以及满脸怒气的姐姐。玛妮雅停止了朗读，她突然感觉自己的父母和姐姐可能会因为她学会了读书而永远不再原谅她，于是就害怕地哭了起来。她一边哭还一边不停地重复着说："请原谅我……原谅我……我不是有意的。这不是我的错，也不是布罗妮雅的错，只是这本书太容易了。"

经过这件事后，斯可罗多夫斯基夫妇意识到他们这个小女儿可能有着过人的天赋，于是就开始教她一些简单的知识。很快，玛妮雅就把大小写字母全部学习完了。小玛妮雅对于知

识的渴求是如此强烈，她总是想要看更多的书，学习更多的知识。可是，斯可罗多夫斯基夫妇担心他们的小女儿如果只是一味地沉迷在书本知识当

儿童时的玛丽·居里和家人们

中，她的观察力和创造力将无法得到充分发展，于是，他们只给玛妮雅看一些她这个年龄必看的书籍。每当玛妮雅看完规定的书籍，想要看更多的书的时候，他们总是阻止她，并鼓励她到大自然中去尽情地玩耍。

于是，玛妮雅就在学习之余，和姐姐及伙伴们一起到外面去探索。到了夏天，她们就到一条小河里去划水，经常一玩就是四五个小时，有时候天黑了才回家。她们还背着父母在外面玩泥巴，把捏好的泥饼放在木板上，在太阳下晒干，所以每次都把衣服和围裙弄得脏兮兮的；有时，小玛妮雅还和小伙伴们一起爬到一棵老菩提树上，把又亮又脆的白菜叶铺在树枝上，然后把板栗、生胡萝卜和樱桃等食物放在白菜叶上晾晒；在马尔基，她和小伙伴在燥热的谷仓里学习的时候，小伙伴们会把她埋在流动的谷粒中；她还乘着斯可西波夫斯基老爹的四轮马车飞快地到处乱逛，和克萨维尔叔父一起骑马……在这样丰富

多彩、新鲜有趣的生活中,玛妮雅的想象力和创造力得到了充分开发。

成长加油站

童年是人一生中最宝贵的一段时光,也是接受启蒙、打开学习大门的重要时期。玛妮雅后来之所以能够进入科研领域,并取得举世瞩目的成就,除了她比较聪慧以外,还与她从小养成的爱学习的好习惯分不开。小朋友,如果你长大后也想成为出色的人才,一定要在这段时间多阅读、多听、多看、多动脑筋,不放过生活中任何一个小问题,并自由地发挥想象力和创造力。

延伸思考

1. 玛妮雅的什么品质有利于她后来成长为一个科学家?

2. 你认为玛妮雅的父母教育孩子的方式怎么样?

第二章　第一次认识物理仪器

在这个家庭中，玛妮雅有三个姐姐：大姐素希雅，二姐布罗妮雅，三姐海拉；她还有一个哥哥叫约瑟夫，约瑟夫比二姐大，在家里排第二。这几个孩子年纪比较相近，大姐素希雅也只比玛妮雅大五岁。

玛妮雅的爸爸妈妈都是出色的教育家，他们当然知道大自然对于孩子的重要性。

他们放心大胆地让孩子们到田野里、树林里、小溪中，去奔跑、去嬉戏、去欢叫。他们深深知道，不热爱大自然的人再怎么发展也是不完善的，不能陶醉在大自然中的人，是注定不会成为伟大的学者的。

因此，每到假期来临，玛妮雅和哥哥、姐姐们都充分地享受着大自然赋予他们的美丽。他们简直就成了野孩子，所以父母给他们立了一条规定，即在每次玩累之后，他们都要到树下去安静地读书。

孩子们总是在一棵老槐树下读书。那棵树的树干非常光滑，上面却有许多条纹。粗壮的树干，5个孩子手拉手围一圈

还围不过来。

老槐树上长条形的绿叶一层层地伸展开来,形成一个天然的巨大的"绿伞",并且在较低的树枝上晾晒着红的、紫的葡萄。

哥哥约瑟夫经常把小玛妮雅举过头顶,让她能够摘几串葡萄下来给大家吃。当诱人的葡萄摘下来,大家就边吃着酸甜的葡萄边读着书,简直是开心极了。

有时候,读书读累了的时候,大姐就给大家讲一些有趣的童话故事。

约瑟夫则即兴表演搞笑剧,他的表演精彩滑稽,经常逗得大家笑得直打滚儿。二姐布罗妮娅有时候对学习字母感到厌烦了,就会以"老师"的身份命令小妹妹把纸板上的字母按照不同的次序排列。

自从担任副督学以后,斯可罗多夫斯基先生带着家人搬到了学校提供的新房子里。由于在学校工作,因此对沙俄在文化上的压迫,斯可罗多夫斯基有着切身的体会。他常常教育子女,要学好知识,特别要了解有关波兰的一切。因为统治者可以夺走祖国的土地、金钱,可以把反对者消灭,但是他们抢不

16岁时的居里夫人

走波兰人掌握的知识。

就在波兰人沦为亡国奴的社会环境中，玛妮雅度过了她苦难的童年。年幼的她还不懂得波兰复杂的社会情况，但时常能听见大人们在悄悄地谈论着："警察……沙皇……西伯利亚……"玛妮雅觉得，这些词似乎带着一些恐怖的含义，总让人感到忐忑不安。

有一天，发生了一件事，使得小小的玛妮雅感到很害怕。

那天，玛妮雅和姐姐从外面散步回来，听见爸爸和一位叔叔正在谈论着什么，看上去很生气的样子。

那位叔叔说："斯可罗多夫斯基先生，你没必要和伊万诺夫校长争长论短，这种人不值得你生气……"

爸爸显然还怒气冲冲，大声地说："他这样做也太过分啦！一个小学生在作业里不小心写了几个波兰的词语，他居然发那么大的火，像魔鬼一样训斥那个可怜的学生，谁都看不下去呀！再说一个土生土长的小学生写自己国家的文字有错吗？"

"是啊，可是……"

小玛妮雅当时吓得大气都不敢出，因为她从来没看过爸爸发这么大的火，她相信爸爸是世界上最好的人，一定是那个住在大楼右边的校长伊万诺夫太可恶了。否则，爸爸是不会生气的。

那个伊万诺夫，是令玛妮雅一家人最恨也最怕的人物。他不学无术，但就因为他是一个俄国人，就有资格当校长。他鬼鬼祟祟，常常像鬼魂一样在学校里到处游荡，搞突然袭击，看

到有哪些学生因疏忽而写了波兰词语，或暗地讲波兰话，他就会进行严厉的处罚。那是一种多么屈辱而又难以忍受的生活！

小玛妮雅不想听大人的谈话了，她溜进爸爸的书房，在房间里走来走去，找着她特别喜欢的东西。

这时，一个玻璃匣吸引了她的目光，里面装满了各种各样的仪器。有几支玻璃试管、小天平、矿物标本，还有一个金箔验电器。小玛妮雅好奇地左看看右看看，不知道这些东西叫什么名字？有什么用处？

她只是隐隐约约记得爸爸在教课的时候，常把这些东西带到课堂去，但是最近好长时间都没带去了，这个匣子就一直关着了。

小玛妮雅仔细地端详着这些她从来没见过的小东西，觉得非常有趣。她时而踮起脚尖，时而蹲下来，仔细地观察着，还不时地用小手去摸一摸玻璃匣。

这时，那位与爸爸谈话的叔叔已经走了，小玛妮雅离开书房，她问爸爸："那个玻璃匣是做什么用的，叫什么名字呀？"爸爸告诉她："这些是物理仪器，是用来做实验的。"

"那这些小东西怎么做实验呢？"玛妮雅不解地问。爸爸打开玻璃匣，拿出了小天平、玻璃试管，还有矿物标本。爸爸说天平是用来称重量的，试管是用来装酒精或者其他的液体的，矿物标本是用来做实验的。

小玛妮雅听着爸爸的话，感觉似懂非懂，眨眨眼睛，点点

头。第一次认识这些物理仪器后,她一直没有忘记这个名字,她发现那些东西挺好玩的,觉得既神秘又有趣。

"物理仪器……"玛妮雅高兴地反复念着这个名字,心里萌生了强烈的好奇心,她没想到自己以后会同这些东西结下不解之缘。

> **成长加油站**
>
> 玛妮雅之所以后来成为伟大的物理学家,与她小时候对物理仪器产生浓厚的兴趣有着很大的关系。小朋友,你长大了如果想成为出色的人才,就一定要在小时候多观察周围的事物,多问几个"为什么",不懂的问题求教于同学、老师和父母,这样你就会对事物产生探索兴趣,你的学习欲望也会不断提高。

延伸思考

1. 物理仪器充满好奇与玛妮雅成为物理学家之间有什么关系呢?

2. 小朋友,你对哪些事物充满好奇呢?

第三章　在西科尔斯卡学校的黑暗日子

时间过得真快，无忧无虑的童年时光很快就过去了。小玛妮雅已经6岁了，到了上小学的年龄。根据父母的安排，她进了西科尔斯卡夫人主办的私立女子寄宿学校。

于是，小玛妮雅穿着干净的学生制服，手里提着一个书包，高高兴兴地来到了梦想已久的教室。

小玛妮雅在上课的时候总是睁着大大的眼睛，聚精会神地听着老师们讲课。她从来不会像有些同学那样，在课堂上搞小动作，注意力不集中。

西科尔斯卡学校是一所私立学校，但学校管理却很严，教学也极其认真，有着浓厚的波兰气息，的确算得上是一所好学校。

在班里，玛妮雅是年纪最小的一个，可她各门功课都名列前茅，是同级学生中的佼佼者。

教授她们数学和历史的老师是杜巴斯卡小姐。每当上历史课时，玛妮雅和同学们都会十分严肃而且又多少带点神秘、崇高的情感，激动地听着杜巴斯卡小姐讲述那些永远让人无法忘

怀的波兰历史。

"同学们，"杜巴斯卡小姐脸上露出严肃的表情，低声而有力地说，"在14世纪中叶，波兰国王瓦迪斯瓦夫一世重新统一波兰时……"

杜巴斯卡小姐这样讲课，在俄国当局看来，可是大逆不道的事情。老师和学生谈到从前波兰的历史，都难免会产生一种家国之痛。玛妮雅和同学们都喜欢杜巴斯卡小姐的历史课，因为她让学生们了解了历史的真相。

在学校，玛妮雅的学习成绩非常优秀，她在班级经常得第一，无论任何科目，她都能比同龄的同学学得更好。

玛妮雅取得了这些成绩和进步，回到家里，总是能得到妈妈的褒奖和鼓励。

妈妈经常在空闲时间，给他们讲许多好听的波兰民间故事和童话故事。有时，妈妈还会边给他们弹着钢琴，边唱着动听的波兰民间歌谣。

当玛妮雅依偎在妈妈身边，听妈妈唱着动听的歌曲时，她总是觉得这是生活中最幸福的时刻。

而在此时，波兰正处于沙皇俄国的统治之下。表面上，玛妮雅可以读她喜欢的书了，但实际上，她却不得不学习俄国人规定的那些教材。

在学校里，学生只能学俄语，但大家还是偷偷学波兰语。学校有一个俄国的督学，常常来监视他们，学校为了防止督学

突然来检查，在每个教室都设了铃铛。

有一次，老师正讲得入神时，忽然教室铃声响了。这是告诉大家的信号，督学霍恩堡先生可能要来检查课堂教学了。

全班学生在老师的安排下，立即把课桌上的波兰文课本收进抽屉里，接着又迅速把针线、剪刀、小块布料拿到桌面上，一个个低着头认真地做起针线活来。

周围的空气好像都凝固了一样，教室里也死寂的可怕。不一会儿，督学霍恩堡先生神气地走进教室，目光扫视着教室里的每一个人，冷笑着说道："你们又在搞什么鬼名堂？想瞒过我，恐怕没那么容易，哼哼。"

陪着督学先生一起走进教室的西科尔斯卡校长客气地说：

"督学先生，学生们正在上缝纫课……"

督学先生还是不放心，打开他身边一个女孩的课桌，但没有发现违禁的课本、笔记本之类的东西。他一边走一边阴险地对授课老师杜巴斯卡小姐说："叫一名学生站起来，我要问几个问题！"

玛妮雅低着头暗暗祈祷：千万不要点上我呀，上帝！但不幸的是老师正好点了她的名。

"玛妮雅，请你回答霍恩堡先生的问题，好吗？"

玛妮雅放下针线，心情复杂地站了起来。杜巴斯卡老师用力抿了一下嘴唇，示意玛丽娅要勇敢点、坚强点！

玛妮雅明白了老师的意思，于是她抬起头看着督学先生。

霍恩堡问道："从叶卡捷琳娜二世起统治我们神圣俄国的

皇帝是哪几位？"

这个提问明显带有挑衅意味，玛妮雅咬了一下嘴唇，尽量平静地回答说：

"从叶卡捷琳娜二世以后，接下来的是保罗一世、亚历山大一世、尼古拉一世和亚历山大二世。"

霍恩堡先生笑了，感到很满意，觉得俄国化的教育政策实施很有成效。

他接着提问："沙皇的尊号是什么？"

"是陛下。"

"现在是哪位皇帝统治我们？"

"是亚历山大二世陛下。"

玛妮雅看着霍恩堡那得意的嘴脸，心痛苦地紧缩着，她脸色苍白，几乎站立不住了。但霍恩堡还有一个每次必问的问题。

"最后一个问题：我的尊号是什么？"

"督学大人阁下。"

这时霍恩堡先生满意地点点头，站起来宣布：

"今天的检查到此结束！我十分满意。"

督学先生离开了教室，西科尔斯卡校长随他走出教室。当教室门关上以后，玛

1903年的居里夫妇

妮雅一头栽进老师的怀里,像一个受了极大委屈的孩子,痛哭失声。她深恨这种突如其来的惊恐,深恨这种屈辱的表演,在俄罗斯沙皇统治下的波兰,人们必须说谎,永远说谎。

回到家,玛妮雅讲述了今天在学校发生的事情。爸爸非常理解女儿的心情,督学先生的问题不能不回答,但回答时又必须是谎言。这种屈辱连大人都很难忍受,何况是一个爱说真话,不会撒谎的孩子?

成长加油站

谎言代替了真理,邪恶伪装成善良。在这种黑白颠倒、不分是非的黑暗年代,玛妮雅和所有热爱国家的老师和同学一起用实际行动反抗沙皇俄国的统治者。面对阴险狡诈的统治者,玛妮雅用智慧和勇气为自己、为老师、为学校、为国家的尊严而战,小小年纪就表现出爱家爱国的大无畏精神。小朋友们,如果你是玛妮雅,你该如何去做呢?

延伸思考

1. 面对督学先生提出的问题,玛妮雅是如何应对的?

2. 从这篇文章中,玛妮雅的哪些精神值得我们学习?

第四章　厄运接连而至

对于玛妮雅来说，这样的生活实在难以忍受。可是，在这个被侵占的国家里，谁都难以摆脱这种屈辱的岁月。

就在玛妮雅不得不承受着身为亡国奴的苦难时，斯可罗多夫斯基先生也遇到了同样的问题。在他供职的学校里，有一次，一名学生因为写错了俄语语法被校长伊万诺夫处罚。斯可罗多夫斯基先生为他的学生辩解道："伊万诺夫先生，要是这个孩子写错了这句话，那一定是出于疏忽。您写俄文也会写错——其实您常常写错，不过我相信这个孩子和您一样，绝不是故意的。"不过，伊万诺夫校长没有接受他的解释，两个人之间的关系也因此迅速恶化。

得罪了校长伊万诺夫，这对斯可罗多夫斯基先生显然是一件坏事。不久之后，伊万诺夫就利用职权解除了斯可罗多夫斯基先生已经担任了6年的副督学职务，强令他们全家搬出按职务分配的住房，并降低了他的工资。

斯可罗多夫斯基先生一家只好搬到一所租金比较便宜的房子里居住。这时，玛妮雅母亲的病情也不断加重，出现大量吐血的症状。父亲只得把她送往疗养院,那里空气新鲜,她可以到那里去调养。

家境的困难该怎么想办法克服呢?久病的妻子需要继续住疗养院,五个儿女也都要上学。坚强的斯可罗多夫斯基先生勇敢地挑起了这副重担。

他决定将租来的房子收几个住宿的学生,以补贴家用。当然,这事得先和孩子们商量一下。

他把五个孩子招到身边,委婉地说:

"有几个外地学生想找住宿的地方,我想,你们的妈妈去疗养了,我们就可以腾出一间房子让几个学生来住。当然,他们要交饭钱和房租的。我想,住进来两三个人还是可以的吧?"他带着征求意见的口吻说。

为了妈妈的健康,为了克服家庭困难带来的许多问题,五个孩子非常明白应该做出何种选择。开始,家里只收了3个寄宿生,后来逐渐增加到了10个。家里来了这么多人,妈妈不在家的寂寞感暂时消失了,但这所房子变得像一个吵闹的磨坊,父亲再也没有时间照料自己的孩子。从前,全家常常聚在一起听他朗读被查禁的波兰文学作品,大家亲密地交谈,但现在这样愉快的夜晚再也不复存在了。

好景不长,不幸的事情又一次降临到这个家庭。

1876年,斑疹伤寒开始在华沙流行,寄宿在玛妮雅家中的一名学生也不幸被感染。

第四章　厄运接连而至

虽然这是一种很可怕的流行性传染病，但对于斯可罗多夫斯基家庭的每一个成员来说，尽心照料得病的学生，是天经地义的事情。

那位寄宿生在大姐和二姐的精心照料下，病情很快就得到了控制，最后居然痊愈了，但大姐和二姐却因此而染上了斑疹伤寒。

布罗妮娅只是轻微地发作了一下就没事了，可14岁的大姐素希雅却因为接替妈妈的家务工作后，一向比较劳累，本来就不算强壮的身体，在疾病的肆虐下，竟然一病不起。

玛妮雅一家虽然过着动荡不安的生活，但是，无论怎样劳累和苦痛，全家人觉得能够生活在一起就是最快乐的事。

玛妮雅从小就喜欢大姐，因为大姐总是给她讲很多好听的故事。她会带着玛妮雅到花园里去玩耍，在玛妮雅难过的时候第一时间出来抱起她的人也是大姐。

看见虚弱的大姐躺在病床上，玛妮雅急得只好每日虔诚地祈求上帝。然而，上帝仍然没有施展他的奇迹。

在一个大雪纷飞的早晨，爸爸来到玛妮雅的房间，玛妮雅看见爸爸的眼圈红了，并把头转向了窗外。玛妮雅预感到一定有什么不幸要发生了，她战战兢兢地跟在父亲的背后走进了大姐的房间。

只见大姐穿着一身洁白的连衣裙，淡黄色的头发梳理得整整齐齐，那张脸瘦得十分吓人，惨白得没有一丝血色。她

居里夫妇合照

安详地闭着双眼，静静地躺在灵柩里，双手合抱在胸前，显得更加楚楚动人。哥哥、姐姐都在低声地哭泣着，母亲已经虚弱得站不起来了。

玛妮雅不敢相信这个事实，那个像慈母一般爱护她的大姐竟然会死。

大姐出殡那天，天气寒冷，刮着刺骨的寒风。玛妮雅身着黑衣，跟在灵车后面，这是她最后一次和姐姐同行了。

妈妈由于病重，无法参加女儿的丧礼，只能伤心涕泣着，目送大女儿的灵柩缓缓离去。

大姐的去世，对9岁的玛妮雅来说是一次残酷的打击。她不明白，上帝何以对她的家庭如此残酷，接连不断地打击这个处于风雨飘摇中的家庭？爸爸是尽职尽责的教师，妈妈有天使般的心肠，大姐热心帮助别人。但是，为什么不幸却偏偏落到了他们的头上呢？

玛妮雅还太小，对于纷繁的大千世界，还不可能有什么深刻的认识，她只知道这世道太不公平，万能的上帝太缺乏慈悲之心了。

经过一连串的打击之后，妈妈的身体状况变得更差了。

虽然玛妮雅对上帝已经丧失了信心，但她仍然每天虔诚地向上帝祈祷。

然而，和以前的祈祷一样，这次的祈祷也是一点效果都没有。当时，刚刚11岁的玛妮雅正在西科尔斯卡女士主办的私立女子寄宿学校读五年级。

玛妮雅的妈妈结核病在一天天加重，她已经预感到即将离开人世，不过她希望在离开前自己能做好准备，不致因此搅乱一家人的生活。

1878年5月9日，星期天，玛妮雅永远也忘不了这一天。早晨，医生们在妈妈的房间里忙着抢救，玛妮雅害怕妈妈也像大姐一样永远离开他们。

玛妮雅的妈妈示意医生们离开，她想把最后的时光留给自己的亲人们。家人们都围在她的周围，妈妈伸出无力的双手和家人一一握手告别。她吃力地举起颤抖的手，画了一个十字，给亲人们以祝福："我爱你们。"

玛妮雅第二次穿上了黑色丧服。

11岁的玛妮雅，现在既没有了妈妈的呵护，又没有了大姐的照料。爸爸虽然也非常疼爱她，但因为太忙很难顾及她。玛妮雅几乎是在没有人照料的环境中学习、成长的。

虽然玛妮雅承受着沉重的磨难和严酷的打击，但玛妮雅不仅没有被残酷、苦闷的生活压垮，她反而更加清醒、更加沉着、更加冷静地面对艰难的生活。

女科学家居里夫人

成长加油站

大姐和母亲的先后离去使玛妮雅悲痛不已,但是她的骄傲不允许她放弃,她决定摆脱命运的摆布,选择一条属于自己的路。小朋友,我们也要向玛妮雅学习,在困境中不妥协,不放弃,敢于同命运做斗争!

延伸思考

1. 玛妮雅的哪两位亲人先后离她而去了?

2. 家庭接连遭受不幸,玛妮雅是如何面对的?

第五章　父亲的影响

由于玛妮雅的母亲去世了，她的父亲雇了一个管家来照料她们姐妹的生活。玛妮雅很早就知道了生活是残酷的，虽然从小失去了母亲的慈爱，失去了大姐的保护，在差不多没有人照料的环境中长大，可她从来都没有诉过苦。

1881年，哥哥约瑟夫以优异的成绩从中学毕业后，考上了华沙大学的医学系；布罗妮雅也从一所公立高中毕业；而14岁的玛妮雅，则不得不从自己所上的私立西科尔斯卡学校转学到了布罗妮雅刚刚毕业的那所公立学校。

玛妮雅其实并不想离开，因为公立学校实行的是俄国奴化教育政策，完全禁止学生讲波兰语。可由于当时私立学校是没有资格发放文凭的，玛妮雅又不甘心只接受一点儿中学教育，所以转学也是不得已的事情。

离开学校那天，西科尔斯卡校长特地把玛妮雅叫到校长办公室，对她叮嘱道："玛妮雅，千万不要忘记我说过的话：要忍耐，要老老实实地忍耐，能忍耐才会有最后的成功。千万不要忘记，听见了吗？"

西科尔斯卡校长深知，玛妮雅是一个难得的天才学生，在她眼皮下读了8年书，她相信这是一个前程无量的孩子，但在黑暗的波兰，这个天才会夭折吗？

玛妮雅已经14岁了，懂得启蒙恩师的殷切期盼。她郑重地对校长说："西科尔斯卡老师，您放心，我会永远记住您的话的！"

在新学校，玛妮雅的功课仍然是全班第一，班上许多俄国、德国和犹太血统的同学都对她十分佩服。但是学校教师和管理人员对波兰学生的敌视态度，让玛妮雅感到非常痛苦。在学校里，对俄国统治者的共同仇恨使她很快结识了好友卡齐娅，这两个女孩常常相约一起上学，共度这段痛苦的时光。

在上学的路上，她们会路过萨克斯广场。那里竖着一座壮丽的方尖碑，上面刻着几个大字："纪念效忠于皇帝的波兰人"。这是沙皇给那些奴颜婢膝的波兰人的"礼物"。波兰人都很厌恶这个东西，玛妮雅和卡齐娅每次经过它时，都会像其他波兰人一样对它吐一口口水。

不久之后，玛妮雅因为表现出对俄国统治者的怨恨而遭到了校方的训斥。那是1881年3月的一天，报纸刊登出头号新闻：俄国皇帝亚历山大二世被暗杀。

"万岁！"玛妮雅和卡齐娅快乐地欢呼着，情不自禁地拥抱在一起，在课桌间跳舞。那时，全国上下正被迫为沙皇去世而服丧。突然，学校亲俄派的教导主任闯入教室，声嘶

力竭地吼道：

"你们快给我停下来！今天是全俄国的悲痛日，伟大的俄国皇帝陛下去世，你们应该感到沉痛！可你们竟在这里跳舞，成何体统！说！这是为什么？"

华沙居所，居里夫人的阳台

回家后，玛妮雅怀着紧张而痛苦的心情等待爸爸回家。当她终于看见爸爸从外面走进家门时，立刻扑到爸爸的怀里抽泣起来。"爸爸，都是我不好。"

父亲难过而又慈祥地轻轻拍着小女儿的肩，好久没有作声。等玛妮雅情绪平息之后，父亲让小女儿坐下，然后平静地对她说：

"玛妮雅，你放心，你没有被勒令退学，这事就算过去了。明天你还可以和卡齐娅一起去学校。不过要记住，不管是什么人，因为他的死而高兴得跳起来都有点过分。真正的波兰姑娘不会干那么轻率的事。另外，应该有高雅的举止、良好的教养，才能受到所有人的尊敬和爱戴，成为一位才学卓著的人，明白了吗？"

玛妮雅低下头说："明白了，爸爸。"

第二天，玛妮雅与卡齐娅继续去学校上学了。

不过，几天之后发生的一件事，让玛妮雅对沙俄统治的痛恨又加深了一层。

这天上地理课时，玛妮雅看到同学莱欧妮·库尼茨卡正在偷偷地哭泣。她平时穿的衣服都极其整齐，而今天却像是随便在身上披了一件衣服一样。

下课后，玛妮雅忙问库尼茨卡怎么回事。

原来，库尼茨卡的哥哥和同伴密谋了一个要推翻沙俄统治的活动，没想到被人告发了，她的哥哥被俄军逮捕了。明天一早，他们就要将她的哥哥绞死。

听了库尼茨卡的话，玛妮雅惊呆了，她似乎看到那个男孩年轻的脸庞，看到了绞刑架、刽子手，还有绞索……

这一晚，玛妮雅和她的两个姐姐，还有卡齐娅，都守在库尼茨卡的家中，陪伴着这个悲伤欲绝的朋友。

几个姑娘都一夜没睡，她们的革命感觉和她们的眼泪都掺杂在一起。

黎明终于到了，黯淡的霞光从窗户里射进来，照着她们苍白的脸颊。她们都默默地跪下来，低声地祈祷着……

与此同时，一个为祖国牺牲的少年，在俄国沙皇的绞刑架上失去了生命。

在经历了重重磨难之后，玛妮雅终于迎来了毕业的那一刻。1883年6月12日，玛妮雅参加了学校举办的中学毕业典礼。"现在由教育院长向本年度毕业生中最优秀者授予金质

奖章——玛妮雅！"

在嘹亮的军乐和雷鸣般的掌声中，玛妮雅把头发向后拢了拢，沉着地走上领奖台，宽阔的额头闪耀着美丽的光泽。

父亲也参加了玛妮雅的颁奖仪式，他抑制不住内心的喜悦："玛妮雅，你好棒的！我们家之前获得过金质奖章的已经有两个人了——约瑟夫、布罗妮雅，现在连家中最小的孩子玛妮雅也有了金质奖章。"

可是接下来，他开始为女儿的前途发愁了。让玛妮雅做什么好呢？她还没有满16岁，而且身体十分单薄，现在就去工作，显然还早了一些。让玛妮雅继续深造，家里又拿不出钱来。父亲最后决定，在玛妮雅选择职业之前，先让她到乡下的亲戚家里住一年。

1883年至1884年这一年多的乡村生活，是玛妮雅人生中永远不能忘怀的美丽时光。1884年7月，玛妮雅结束了长达一年的乡间生活回到华沙。

年近花甲的父亲简直认不出自己心爱的小女儿了。个子长高了，身体也丰满了，完全像一个发育很好的波兰农村姑娘了。

玛妮雅高兴地紧紧拥抱着父亲说："爸爸，我回来了！"

"太好了，太好了，你个子长高了，成大姑娘了，真好！"

玛妮雅环视一眼新搬的家。新家位于她童年学校的旁边，这儿是比较贫困的地区，居住面积比以前小了许多。

父亲对玛妮雅说："房间小了一些，是吗？啊，是这样的，我们决定不再收寄宿生了，你们都大了，需要一个安静、舒适的家庭环境。"

"太好了，爸爸，您的决定总让人高兴。"

"不招收寄宿生，虽然少了一些收入，但我可以在这安静的环境里，找些近期出版的物理学和化学方面的书籍，找些合适的内容翻译出来，赚点稿费补贴家用。"

玛妮雅难过地看着日渐衰老的父亲。父亲嗜书如命，但为了多赚几个钱，他把宝贵的时间差不多都用来辅导10来个寄宿生，几乎放弃了对自然科学的研究。

玛妮雅很爱她的父亲。父亲是她的保护者，是她的教师，而且她几乎相信父亲无所不知。

玛妮雅的父亲一边赚取收入来维持一家人的收支平衡，一边找出时间来看他很费力得来的出版物，以充实自己的科学知识。他认为应该知道希腊文和拉丁文，除了波兰语和俄语之外，应该还能说法语、英语、德语，应该把异国作家的杰作

居里夫妇新婚旅游

用散文或韵文译成本国语言，应该自己写一些诗。

每逢周末，玛妮雅的父亲和孩子们一起研究文学。他们围着冒热气的茶炊闲谈，玛妮雅的父亲背诗或朗读，孩子们都入神地听着，体会着文学之美，学习这些作品传达的精神。

玛妮雅的父亲总是打开书一边看，一边毫不困难地用波兰语重述出来，高声朗诵浪漫作家的作品。一个星期六又一个星期六过去，这些名著就这样由父亲那熟悉的声音传到了玛妮雅的耳朵里，使她在一种不多见的开发才智的良好气氛中成长，而这在一般女孩是很少有的。

玛妮雅永远忘不了这些：幸亏有她的父亲，自己才能在这种良好的氛围中增长才智、获得成长，才能在父亲身上学会了对知识的执着追求、对科学的好奇心、对祖国的热忱之爱和对自由的忠诚。

在当时的社会，这是很不常见的。大多数人都认为女孩子才能有限，不需要知道太多的东西，因此很多家庭里的男孩子受到精心的、全方位的教育，女孩子只能学到很有限的东西。这样看来，玛妮雅无疑是非常幸运的。

她生活在一个开明的知识分子家庭里，父亲对男孩和女孩都一视同仁。父亲认为自己的孩子应该不分男孩女孩都接受教育掌握知识，他毫不犹豫地把自己所知的一切知识传授给儿女。他按照自己的方式进行家庭教育，而不是参照社会

风气、社会潮流来教育孩子。

如果玛妮雅不是有这样开明的父亲，那么她的天赋很有可能就会被埋没，绝对无法在后来成为一位著名的女科学家。

成长加油站

年少的玛妮雅，遭遇父亲失业、大姐和母亲离开的痛苦，再加上家庭贫困和恶劣环境的考验，使她在成熟中不断长大。虽然家庭接连遭到不幸，但并没有影响到玛妮雅的生活，反而使她更加专心致志地学习。

玛妮雅的父亲是一位很有学问的学者。在家庭环境的熏陶下，玛妮雅的学习大有长进，对文学、语言学产生了浓厚的兴趣，这些都为为她以后的学习和工作带来了很大的帮助。小朋友，想一想在你的家庭中，你的父母对你学习影响大吗？

延伸思考

1. 玛妮雅的父亲在哪些方面对她产生了比较大的影响？

2. 你认为父母的哪些教育方式对你的成长带来了有利的影响？

第六章 加入"流动大学"

玛妮雅中学毕业后,父亲觉得她参加工作年纪还小,如果继续深造家里又没有那么多钱,于是在征得女儿的同意后,决定让玛妮雅到离华沙很远的乡下去生活一年,委托农村的亲戚照料她。

于是,玛妮雅高兴地来到波兰南部克拉科夫附近的乡村,过起了她一生中唯一一次闲散而愉快的田园生活。

她住在叔父克萨维尔先生的家里。克萨维尔叔叔有一个不大的牧场,养着50多匹纯种马,在这儿,玛妮雅学会了骑马,她最喜欢的是在山林中游荡,感受大自然带来的一种说不出的奇妙的愉悦。

在乡间,玛妮雅常常在灯下给卡齐娅写信,细致生动地向好友描述乡间生活的感受。

夏天过去以后,玛妮雅又到另一个叔叔斯德齐斯拉夫家去过冬。斯德齐斯拉夫叔叔住在位于波兰东南、维斯杜拉河上游的斯卡罗布米亚兹小镇。斯德齐斯拉夫叔叔幽默而大度,家中有三个漂亮的女儿,一家人开开心心,非常快乐。

冬天，当大雪覆盖大地和森林时，每逢大小节日，年轻的小伙子和姑娘都会在晚上乘着雪橇跳起波兰民间舞蹈。

每次跳舞时，玛妮雅都穿着波兰乡村女孩的节日礼服，成了小伙子们注目的中心。她的舞跳得太棒了，连叔叔家的三个姑娘都非常羡慕她那优美的舞姿。

1884年，愉快而美好的乡间生活结束了，玛妮雅回到了华沙。不久，玛妮雅结交了一些热心的"实证论者"。其中就有一个女子，她叫皮娅塞茨卡小姐，她是一名中学教师，知识渊博、意志坚强，二十六七岁，长着一头金栗色的头发，看起来有点瘦而且还有点丑，可是很讨人喜欢。她和玛妮雅关系很要好，在社会人际交往方面给了玛妮雅很大的影响。

当时，波兰还处于沙皇俄国统治之下，由于长期的民族压迫，当时的一些波兰青年在做人生规划的时候，大多数愿意将为"自己的国家服务"摆在人生的第一位，而个人的前途则处于次要位置。面对国家的形势，他们认为艺术对救国的帮助不大，所以他们崇拜科学家，把化学、生物学列在文学等艺术学科之上。

一些热血的波兰青年一致认为，侵略者千方百计想使波兰人变得愚昧，他们就必须发展文化教育，来反抗沙俄的压迫。于是，他们创办了秘密学校"流动大学"，组织青年学生学习知识。

玛妮雅就是这所"流动大学"的学员之一。玛妮雅生性比较

第六章 加入"流动大学"

胆小，起初有一点怀疑，后来被皮娅塞茨卡小姐的大胆意见说服了。她和两个姐姐以及几个同伴一起参加了"流动大学"。

"流动大学"会定期举行聚会。有一些教师给他们讲解剖学、博物学、社会学，以提高他们的文化知识。但这些功课都是秘密讲授的，有时候在皮娅塞茨卡小姐家里，有时候在别人家里，参加的学生每次八个或十个，他们聚在一起写笔记，传阅小册子和论文。这样，一方面增加了青年们的知识，另一方面培养了他们对祖国的信心。

由于怕泄露消息，遭到反对者的搜查，他们一听见极小的声音，就都颤抖起来，因为若被警察发觉，他们就都面临坐牢的危险。

流动大学的任务，不只是加强像玛妮雅这样中学文化程度的青年的教育，还担负着从事教学工作、传播知识的责任。玛妮雅受了玻亚塞茨卡小姐的鼓励，去教平民妇女。

玛妮雅承担了教一家缝纫厂女工读书的工作。每天只要忙完自己的家教工作，玛妮雅就会来到这个缝纫厂。厂子里的女工基本都是

居里夫妇与女儿在一起

文盲，极少有人能够将一篇文章流利地读下来。玛妮雅的到来给这家工厂带来了勃勃生机。这些女工不仅学到了文化知识，而且工作的劲头更足了。她们非常感谢玛妮雅，经常拿出自己喜欢的东西送给她。

玛妮雅能够体会到她们的心情，便更加积极地帮助她们。为了给女工带来便利的学习条件，玛妮雅还一本本地搜集波兰文的书籍，办了一个小型图书馆，供女工们学习。每天，除了工作和正式的上课时间，这些工人都会聚集在图书馆里读书。遇到不认识的字，玛妮雅就会读给她们听。

流动大学这种特殊的生活，使玛妮雅学到不少知识。同时，玛妮雅在潜意识里感到了自己应该为国家做点什么，觉得自己担负的责任更加重大了。

成长加油站

天下兴亡，匹夫有责。当时的波兰青年认为应该用科学来救国，通过学习科学技术，提高人的素质，最终复国。波兰的爱国青年们秘密组织了"流动大学"，大家聚集在一起，互相传授科学知识。17岁的玛妮雅回到华沙后，就参加了这个秘密组织，想通过完善自我来拯救国家。小朋友们，当国家面临危难的时候，我们每个人都应像玛妮雅等爱国青年一样，为国家，为人民做点自己应该做的事情。

延伸思考

1. 玛妮雅参加了什么社会组织？她是如何去做的？

2. 从这篇文章中，我们应该学习玛妮雅的什么精神？

第七章 家庭女教师

一段时期以来,玛妮雅发现二姐布罗妮雅十分苦闷。为了找到问题的原因所在,玛妮雅找到二姐,想问问清楚。

玛妮雅与二姐之间的关系向来很好。于是,二姐直截了当地告诉玛妮雅,她想到巴黎去留学,学习医学,然后回到波兰开个诊所。

听了二姐的愿望,玛妮雅表示支持。但从后来的谈话中,玛妮雅知道了二姐的真正困惑——学费!其实,玛妮雅也有去巴黎学习的打算,然后回到华沙像父亲一样当一名教师。

玛妮雅让二姐计算下手上有多少积蓄,对二姐说:"二姐,我们算算看,你平时节省下来的钱,够你在巴黎住几个月?"

"这些钱已经够旅费和在大学医学院一年的费用了。可是,你知道,医学院要读5年才能毕业,这些钱是远远不够的!"二姐拿出全部的积蓄,让玛妮雅看。

玛妮雅非常同情二姐的现状,说:"是啊,二姐,可是

我们做1小时只能赚半卢布，想要赚够钱是不可能的。"

"那你觉得应该怎么办呢？"布罗妮雅看着玛妮雅，觉得她能想出一个好办法。

"我们可以联合起来，要知道去巴黎上学也是我的愿望！如果我们各自奋斗，那就是谁也去不了。如果按照我的计划办，说不定再过几个月，在今年秋天你就可以动身去巴黎了……"玛妮雅欢快地说出了自己的计划。

"玛妮雅，你疯了！"二姐惊讶地睁大了眼睛。

可是，玛妮雅接下来的话，却显示出她是有一套完整的计划的："咱们可以这样做。开始的时候，你用自己的钱，然后我想办法陆续寄钱给你，父亲也寄，同时我也为我的将来攒钱。等你做了医生，我再去巴黎，到时候你再来帮助我。"

不得不承认，这个方法确实不错！二姐的眼睛里充满了泪水，妹妹太伟大了！妹妹的天资那么好，可为了让自己去求学，她却不知道要等到什么时候才能上大学。

"玛妮雅，我觉得应该你先去，以你的天分，应该很快就能成功的。"

"别傻了，我才17岁，你已经20岁了。当然应该岁数大的先去，毕竟我还有时间。"

布罗妮雅听取玛妮雅的建议后，她们决定找父亲商量一下。家庭的劳累使得玛妮雅的父亲日渐衰老。虽然父亲继续

在学校里教课,但家里已不再招收寄宿生。为了补贴家用,父亲到处挣钱养家。

为了打消父亲的顾虑,先不说二姐出国求学的事情,她想先跟父亲说自己出去当家庭教师来赚钱,然后再讲二姐的事情。

"爸爸",玛妮雅激动地说,"我已经17岁了,我想做家庭教师维持自己的生活,不能让爸爸您再为钱去奔波了。我说的是真的!"

玛妮雅的父亲也假装十分认真地说:"啊,我说过你说的是假的吗?啊,没说过吧?"

接着,两人相抱,大声欢笑。

在欢笑中,玛妮雅的父亲又是欢欣,又是抱歉地说:"我的小女儿能赚钱自立了,哈哈,真让人高兴啊!不过爸爸也内疚,如果有钱,本可以让你去深造的。"

玛妮雅抢着说:"爸爸,我现在不就是要赚钱吗?深造是我的追求、梦想,我想总有一天我会靠自己的努力达到这个目

居里夫人和女儿们

的的。"

"好,爸爸就喜欢像你这样有志气的孩子!"父亲说。

玛妮雅看着父亲这么高兴,说出了她刚才与二姐的谈话和今后的打算。父亲立即表示惊讶:"什么?相互帮扶?"

"是的,我先帮二姐上大学,等二姐毕业后,再帮我。"玛妮雅简单明了地说。

"你们考虑好了吗?主要是你。"父亲问。其实父亲是在为玛妮雅担心。

"想好了!"玛妮雅回答。

这确实是一个两全其美的办法,父亲支持了她们的计划。

两个星期之后,带着妹妹的期望,布罗妮雅离开了华沙,开始了自己的大学生涯。成为斯可罗多夫斯基家中第一个去国外留学的孩子。为了实现和二姐定下的计划,玛妮雅必须挑起生活的重担,向自己的少女时代挥手告别。

玛妮雅也很快找到了当家庭教师的工作,但是钟点费只有半个卢布,这样她不得不多兼几个家教。无论天下着大雨,或是刮着寒冷的大风,玛妮雅都必须遵守约定的时间,一家一家地给孩子们上课。她几乎跑遍了整个华沙,每天奔波得筋疲力尽。这实在是太辛苦了,可是坚强的玛妮雅没有半句怨言。

其实,劳累不算什么,气候恶劣也不算啥,真正令玛妮

雅感到头疼的是孩子们的调皮捣蛋、不用功学习。因为玛妮雅自己从小学一年级起，始终在班级上保持第一名，因此她对这些顽劣的孩子实在感到无奈。

这些孩子大都缺乏管教，和他们有钱有势的父母一样，视老师如奴仆，一点都不懂得尊重老师。

家长恶劣的态度，也令玛妮雅不愉快。每当玛妮雅偶尔迟到几分钟，他们就会冷言冷语地说："我还以为你今天不来了呢！"或是说，"等了好久，你一直不来，孩子们都出去玩了。我们请你来教课是要付钱的，希望你以后要准时。"

有时候，玛妮雅准时来到，学生却不在。家长就说："小孩子嘛，要小孩遵守时间太为难他们了。你再等一下吧，他们马上就会回来的。"玛妮雅只好守在没有暖气设备的房间内苦苦等候。

不仅如此，有些家长好像故意整人似的，总是不按时付酬劳，使得玛妮雅经常讨要工资，真是欲哭无泪。

玛妮雅还记得在一位农艺师家做家庭教师的经历。

那是1886年1月18日，玛妮雅去希究基村一农艺师家做家庭教师。农艺师一家人十分纯朴友好，玛妮雅渐渐地习惯了这个家庭。虽然有时她也有不满意的地方，但她经常想起父亲曾对她说过的话："走遍天下也不会找到一个完美的家庭。人应该在其中训练自己的忍耐力，来发现值得自己学习

的东西。"于是，玛妮雅便又耐心地教孩子们了。

在乡村生活期间，玛妮雅每天都会在路上遇到许多农民的小孩。他们穿得很破，头发像乱草一样，他们大部分都不认识字，极少数进过学校的，也只学会了俄文字母。玛妮雅有了一个计划，如果秘密开设波兰文课，让这些孩子感受到自己的民族语言和民族历史的美好，那该多好！

征得农艺师一家人的同意后，玛妮雅开始了一种繁忙的生活。每天除了给农艺师家的孩子上课外，还要抽出两小时教这些农民的小孩。孩子们聚集在玛妮雅的房间，虽然身上散发着汗臭味，但他们学习非常认真。每学会一个新单词，他们都大声欢呼。坐在屋子角落里的那些孩子的父母，也露出惊奇而赞叹的表情。

虽然教农民的孩子很辛苦，但是玛妮雅感到非常愉快，体会到了这份工作的意义。她还从自己微薄的积蓄里挤出钱，为这些孩子买来练习本和笔。

从事家庭教师工作使得玛妮雅有了一点小小的积蓄，二姐的学费也有了着落。但是在她的心目中，法国才是真正的自由之地。在自由的法国，无论你是从什么国度来的人，都不会受到歧视。

那里，也许才是玛妮雅的灵魂可以真正得到解放的地方，但她真有一天能到巴黎去吗？到索尔本学习，在那里接受最好教育的梦想能实现吗？

女科学家居里夫人

成长加油站

为了给姐姐筹措学费和补贴家用，年少的玛妮雅饱尝了世态炎凉。17岁那年，她孤身一人背井离乡去外地当家庭教师。寄人篱下的生活让她逐渐意识到了社会和人性的复杂。只有经历过苦难，人生才能不断成长。当家庭教师的经历，让玛妮雅获得了更多的人生阅历和解决困难的经验，尤其使她意识到在家庭中的那份责任和义务。小朋友，玛妮雅离开家去外地当家庭教师，这件事对你有什么启发吗？

延伸思考

1. 玛妮雅为什么去当一名家庭教师？

2. 当家庭教师，玛妮雅得到了哪些收获？

第八章　第一次进入实验室

1889年5月，玛妮雅告别了希究基村，返回华沙。回到家之后，玛妮雅便和哥哥、姐姐商量，让父亲辞去现在的工作。父亲听从了儿女们的劝说，回到了华沙，一家人终于团聚了。这时，玛妮雅接到二姐的来信。原来，再有一年，二姐就要从医科专业毕业了。信中说让玛妮雅去巴黎上学。

得知二姐快毕业了，玛妮雅为此感到高兴，她庆幸自己当初所做的决定是正确的。可是，家里还有很多人需要她来照顾。现在父亲的年龄也大了，玛妮雅实在不忍心离开他。她在华沙又找了几份家庭教师的职位，整天地忙碌着。

一天晚上，父亲来到玛妮雅的房间，对女儿说："孩子，爸爸当然希望与你在一起，但是你应该有自己的事情要做。明年你就去巴黎吧。布罗妮雅到那时已经毕业了，她应该可以帮你了。在这之前，你要从生活上到学习上都做好准备。"

听了父亲的一番话，玛妮雅非常感动。父亲轻轻地拍着女儿的肩膀："我支持你去巴黎学习，在这之前我可以推荐你先到'农工业博物馆'去学习。"在得到父亲的鼓励后，玛妮雅

女科学家居里夫人

终于开始认真地计划去巴黎的事情了。因为，毕竟自己快24岁了，再也不是少女了。

为了帮助玛妮雅提高学习能力，父亲把女儿介绍给了玛妮雅的表兄约瑟夫·波库斯基，他现在正在负责农工业博物馆。

原来，这个表面上叫作农工业博物馆的地方，实际上是专教波兰青年科学的研究所，叫农工业博物馆是为了躲避俄国官方的注意。

农工业博物馆坐落在克拉科夫大道66号，一个种着丁香花的院子的尽头，有一座两层的小建筑，只有极小的窗户透进光线。玛妮雅的表兄约瑟夫·波库斯基是这里的负责人。

玛妮雅来到了博物馆的门口，这时她的表兄刚好出来，见到了玛妮雅，便高兴地问道："玛妮雅，你好啊！好久不见了，最近挺好的吧？"

"你好，表兄，我挺好的。我父亲介绍我来你的博物馆学习，提高一下自己的学习能力！"玛妮雅回答道。

"是的，你父亲来信已经跟我说了。我这儿有一个科学实验室，你有时间尽管过来。"

"好啊！"玛妮雅曾经学过化学，但却从没有亲手做过实验，现在一听说有这样的机会，立刻高兴地答应了。

第二天，玛妮雅就来到了表兄的研究所，开始了她的化学实验。农工业博物馆距离玛妮雅的住处有点远，而且她每天白天都要外出做家教，到傍晚才能来这儿做实验。不过，好学的玛妮雅对这

些一点儿也不在乎。

　　能够来到这个实验室学习，玛妮雅感到十分兴奋。她从小就对父亲书橱里的实验仪器十分好奇，想不到如今竟然可以亲自操作实验仪器。第一次走进这里时，玛妮雅感到药味扑鼻，实验用的器械和试管在灯下闪闪发光。那些穿着白衣的年轻人，正聚精会神地做着各种实验，连玛妮雅进来也没察觉到。

居里夫妇在做实验

　　每天晚上和周日，不管多么疲劳，玛妮雅都要到"农工业博物馆"去。她试着做一些物理学和化学书籍中记述的实验，小小的成功都能让她高兴得跳起来。刚开始的时候，因为没有人指导，玛妮雅就一边看书一边做实验，所以实验的结果总是不太令人满意。后来，她慢慢地掌握了做实验的技巧，也尝到了成功的快乐。

　　虽然玛妮雅高中时期的物理、化学成绩不错，但那都是"纸上谈兵"。她觉得，书本上很多知识看起来很难理解，但通过实验，就变得生动和通俗易懂起来。有时候，玛妮雅会因为意外的事故或失误感到失望，但她告诫自己不能灰心。通过努力，玛妮雅觉得自己已经向未知的科学世界迈出了第一步。

　　每到夜间很晚的时候，玛妮雅才遗憾地离开静电计、试管

女科学家居里夫人

和精密天平，回到家里，脱去衣服，在她的窄床上躺下。但是她不能入睡，她依稀记得童年时期，父亲书房里的那些物理仪器，那些总放在玻璃匣里不动但她总想拿来玩的东西。

这个农工业博物馆的实验室就是玛妮雅——未来的居里夫人踏上科学之路的出发点。从此以后，她仿佛突然找到了人生的目标，找到了前进的方向。她努力地汲取着科学知识，尝试着各种实验，不断夯实基础。

成长加油站

一次偶然的机会，使得玛妮雅可以进入实验室做实验。这是她记忆深处最美好的事情，童年时期的美好愿望得以实现，父亲那些收藏在玻璃匣里的物理仪器如今实实在在地摆在自己的面前，玛妮雅如痴如醉，做实验到深夜也不觉得疲倦。就是在这个实验室里，玛妮雅找到了人生目标和前进方向。小朋友，你的人生目标是什么呢？你将来要做什么工作呢？

延伸思考

1. 为什么玛妮雅对做实验那么感兴趣？

2. 你的人生目标是什么？你将来想做什么呢？

第九章　在巴黎艰辛求学的岁月

1891年的秋天，玛妮雅24岁那年，她终于攒够旅费，决定动身了。她先写了一封信给二姐，然后收拾好行李，为了实现求学的梦想，她告别华沙，登上了去巴黎的火车。

因为积蓄不多，玛妮雅选择坐最便宜的四等列车去巴黎。尽管车厢里没有暖气，只能坐在让人很不舒服的硬木板凳上，但她已经什么都不在乎了。为了节省在巴黎的开支，玛妮雅把褥子、床单、毛巾、衣服、书本、茶叶等各种生活用品都带上了。

临走之前，玛妮雅亲吻着年迈的父亲说："爸爸，我不会离开很久的！一毕业，我马上就回来。我们住在一起，永远不再分离……"

斯可罗多夫斯基先生把小女儿紧紧搂在怀里，喃喃地说："是的，我的玛妮雅。一路平安，好好学习，祝你好运！"

列车呼啸着，发出哐当哐当的声音，在黑夜里穿过德国，穿过比利时……

玛妮雅蜷缩在椅子上，用毯子裹着腿。她把包裹堆在周

围,不时小心地点一点数目。这时候,她感到了无限的快乐。她回想着过去,幻想着将来,想象着自己再回到家乡时的情景。

经过漫长的旅程后,玛妮雅终于到达了巴黎。

玛妮雅从巴黎北站走下火车,觉得一切都很新鲜:这里的人们能用他们愿意使用的语言交流,书店可以不受限制地卖世界各地的书籍。其中最吸引玛妮雅的,是那条微微斜向市中心的平直大路。这条路指引着她走向一所大学敞开着的大门。

那是一所多么著名的大学呀,几个世纪之前,人们就赞誉它为"宇宙的缩影"。基督教的领袖人物路德就曾经说过:"最著名、最杰出的学校就在巴黎,它的名字叫'索尔本'!"

玛妮雅的二姐布罗妮雅和姐夫在巴黎的德意志路开了家医院,他们腾出二楼的一间房让玛妮雅住。玛妮雅并不在乎简陋的生活条件。尽管艰苦的旅途使她疲惫不堪,可一下火车,那种在波兰时的被压迫感就忽然离开了她。她第一次呼吸到自由国度的空气,感到身心都无比舒畅!

她告诉二姐:"快把我领到索尔本大学去,我现在就想亲眼看一看那个地方!"索尔本大学正在改建中,虽然破坏了原来的外观,但是玛妮雅仍觉得处处都让人满意。

校舍旁的墙上贴着一张布告:

法兰西共和国

第九章　在巴黎艰辛求学的岁月

理学院——第一学期

1891年11月3日在索尔本开课

在玛妮雅看来，这是光辉的字、神奇的字！

她的名字已经不再叫玛妮雅，她在入学注册单上用法文写的是玛丽·斯可罗多夫斯基。

11月3日，在索尔本大学理学院新生注册表处，玛妮雅以玛丽·斯可罗多夫斯基的波兰籍女学生的身份注册了学籍。

索尔本大学的学生们常常对这位衣着朴素、沉静好学的新生议论纷纷。

"与众不同的姑娘来了，真漂亮啊！"

"美丽的眼睛！"

"不！她那金色的头发比眼睛更美！"

玛妮雅总是提前来到教室，坐在第一排座位上，希望能一字不漏地听清楚那些穿黑色礼服的教授们的每一句话。在彩色照相方面做出卓越贡献的李普曼教授为他们讲授物理学实验，李普曼教授也注意到了这位外国来的女生总是坐在第一排，目不转睛地盯着他的一举一动，认真听着他的一言一语。

成为索尔本的学生之后，玛妮雅发现，一个意想不到的科学世界向她敞开了大门。索尔本所有教授的课对她来说都有着无比的吸引力。李普曼、布提、保罗·阿佩尔……玛妮雅愿意认识布告上列着的几十名教授，愿意听他们所有的课程，她觉得有学不完的知识。

但是，在索尔本大学学习两星期后，玛妮雅遇到了两个大难题。

第一个难题是语言障碍。

玛妮雅觉得自己的法语基础很扎实，所以没有参加法语补习班，就直接去听课了。其实，她的法语程度对日常会话或读书是没多大的问题，可是在索尔本大学听课还不够熟练。教授在用熟练的法语讲课时，讲得太快，有些句子她根本听不懂，最多只能听清几个单词。

第二个难题就是听课吃力。

玛妮雅虽然在中学是以第一名的成绩捧回了金质奖章，但是因为从中学毕业后，她只是自修，而且做了几年家庭教师，耽误了功课。与巴黎正规中学毕业生相比，玛妮雅缺乏扎实、严格的训练，和同学之间有着明显的差距。所以在大学里上课越来越觉得吃力。

但是，挫折并没有吓倒玛妮雅，她发奋读书，刻苦学习。每天课程一结束，她就夹着课本急匆匆地回到布罗妮雅的家，把自己关在小房间里埋头学习，成绩也慢慢提高了。巴黎举世闻名的景色和胜地，她都无暇去观赏。

玛妮雅的幸福和乐趣，都在拼命的学习之中。也许这就是她以后走上与众不同的人生道路的原因。

住在布罗妮雅家里，的确可以感受到家庭的温暖，这对初到巴黎的玛妮雅来说大有好处。但半年过去后，玛妮雅对这里

的环境逐渐熟悉和适应了,她开始觉得应该去找一间房子租下来,一个人独住。

玛妮雅下决心搬家。她找到位于大学附近非常简陋的一个七层楼上的小阁楼。她从此独自一人居住,开始了她那传奇的艰苦生活。她每月只能花销100法郎,其中15法郎租下了这间顶层阁楼,剩下的钱每天还不到3法郎。

父亲每月从波兰寄给她40卢布。离开姐夫家,她就必须用这40卢布支付每月的全部费用,包括衣、食、住、行、书籍和纸墨。

玛妮雅虽然也想到几个人合住一间屋,合伙做饭,也许可以生活得舒适一些。但几个人住在一起会相互干扰,自理伙食会浪费掉许多宝贵的时间,利用这些时间多看点书,或在实验室里多做些实验,那多么好呀!

为了节约时间,玛妮雅几乎每天只吃几片涂了黄油的面包和胡萝卜、樱桃之类的果实,尽量不生火做饭。从住处到学校,来回她总是步行。为了节省灯油,晚上玛妮雅总是到图书馆看书到10点左右,等到图书馆关门后,她才回到住处点起油灯继续学习,一

居里夫人培训放射学员

直学习到凌晨两点才睡觉。

巴黎的冬天十分寒冷，木桶里的水很快就结了冰。玛妮雅租的住处是一个小阁楼，没有暖气，晚上学习太冷了，她把衣服、毛毯等几乎所有的衣物都裹在身上。睡觉时，她甚至把椅子也压在被子上，让自己觉得好像暖和些。

在独自居住期间，玛妮雅在生活上过得十分简单。除了平常努力学习之外，她也没有什么业余爱好，唯一做的就是缝纫。在学校她一直穿着从华沙带来的衣服，虽然这些衣服大都已经穿破了，但玛妮雅总是把它们洗得很干净，破了就自己缝补，在西科尔斯卡学校学的缝纫活这时就派上用场了，在学习比较疲劳的时候，做缝纫活也是一种"放松"。

为了节约开支，玛妮雅舍不得买煤生火取暖，有时候写字时手指冻得都麻木了，身体也会不由自主地颤抖。有时一连几个礼拜，玛妮雅只吃几个抹黄油的面包，喝一点茶。有时想改善一下生活时，她就去楼下的饭馆买两个鸡蛋，或者买一块巧克力糖、一个水果。

这种过分简单的饮食和高强度的学习，使几个月前刚离开华沙时气色还很好的玛妮雅患上了贫血，刚到巴黎时那圆润的脸明显地瘦下去了，蓝灰色的眼珠也逐渐失去了神采。她经常从书桌前一站起来就感到头昏。

玛妮雅高估了自己身体的承受能力，她的健康问题不久就彻底暴露了。一天傍晚，她从图书馆回到七层楼的小房间，突

然就晕倒在床边。幸亏那天晚上有位大学的同学来找她,不然谁也不会知道她晕了过去。

二姐、二姐夫得知消息赶来,刚刚苏醒的玛妮雅面色苍白,姐夫急切地问她:

"玛妮雅,你今天吃的是什么?"

"今天?我不记得了,好像是刚吃完午饭吧。"

"你今天到底吃了什么?"二姐夫毫不放松地盘问。

"因为功课忙,从昨天晚上起,我只吃了一个萝卜和半个樱桃。学习到凌晨3点,然后睡觉,7点去索尔本听课。回来后吃完剩下的小萝卜,就昏倒了。"玛妮雅不得不实话实说。

二姐他们坚持让玛妮雅住回他们家里,他们要对玛妮雅的健康负责。但是因为将要进行考试,玛妮雅又重新回到那个小阁楼,又开始了原来的生活。用功!用功!玛妮雅陶醉于学习之中,除此之外,做别的事情都是耽误学习的时间。

不久,教授交给她一些研究工作去做。在这里,玛妮雅有机会去索尔本大学的实验室做实验,实验室是一间又高又宽的屋子,有两个小螺旋梯通向里面的一个走廊,玛妮雅就在这里培养了动手实验的能力。

经过一段时间的学习之后,玛妮雅认为取得一个学士学位是远远不够的,她决定考两个学位:一个物理学位,一个数学学位。

1893年7月,玛妮雅参加了物理学学士学位的考试,以总

女科学家居里夫人

居里夫人的实验笔记本，如今依然带着强烈放射性

分第一名的成绩，获得了物理学学士学位。接着，她又以总分第二名的优异成绩，获得了数学学士学位。

考试结束，玛妮雅回到波兰。这时，玛妮雅的学费已经全部用完，她不忍心再让年迈的父亲为难了。为了帮她求学，父亲放弃了生活中的种种享受，她觉得十分惭愧，她实在是无法再回到巴黎了。

正当她准备放弃再去巴黎学习的机会时，奇迹出现了，她得到了一笔总数有600卢布的奖学金！这是她的好朋友迪金斯卡小姐为她争取到的一笔很不容易得到的"亚历山大奖学金"——这个奖学金是专门奖给在国外学习成绩优秀的学生的，为了他们能在国外继续深造。

当玛妮雅得知她获得了奖学金这一消息时也喜出望外，有了这笔钱，可以再在巴黎度过15个月。玛妮雅满心喜悦地重返索尔本。

在索尔本大学里，玛妮雅已经成了人们关注的焦点。同学们都对玛妮雅羡慕不已，他们总是围住玛妮雅咨询各种问题，玛妮雅则总是尽可能地给他们满意的答案，大家都很喜欢她。

这时，一个缓解经济困难的机会来了。玛妮雅独自承担了

一项国立工业振兴协会的技术研究课题,如果课题通过的话,就可以获得800卢布的酬金。经过一段时间的努力,玛妮雅顺利地完成了这一课题。

当玛妮雅拿到这笔酬金后,她做出了一个惊人的决定——退回"亚历山大奖学金"。好友迪金斯卡知道这件事后,劝说玛妮雅:

"玛妮雅,你好不容易得到这笔酬金,你搬到学校的学生公寓去住,不要在那个小阁楼上受苦了。"

"迪金斯卡,苦一点没什么的,苦难最能锻炼一个的人意志。"

"可是,'亚历山大奖学金'从来也没有退回的历史啊!你不要做傻事了。"

"我认为这笔奖学金是委员会对我的信任,是信用贷款。是贷款就是要归还的,拖得太久是不诚实的,因为这笔钱此刻也许可以成为另外一个贫寒的青年的救命钱。"玛妮雅坚定地说道。

当亚历山大奖学金委员会的秘书接到玛妮雅寄的钱时,大吃一惊,因为委员会的历史上还从来没有过这样的事情。

这位秘书立刻在报纸上刊登了玛妮雅的壮举。报上称玛妮雅的做法是"史无前例"的,并评价玛妮雅是绝对诚实正直的人,她的道德品质和她的聪明才智一样使人敬佩。

女科学家居里夫人

成长加油站

玛妮雅兴奋又紧张地步入大学校园的门,努力学习各种知识。一个人孤身在异国他乡,她是为了国家,为了民族,为了知识而来的,不断学习。虽然生活艰苦,但没有开口祈求别人的帮助,时时靠自己。这份坚强值得我们去学习,她退回奖学金的做法也让工作人员十分敬佩。小朋友,面对如今优越的学习和生活条件,你是否想象得到文中的主人翁玛妮雅当时艰难的生活呢?

延伸思考

1. 面对艰辛的求学生活,玛妮雅是如何克服的?

2. 条件艰苦,拼搏学习!玛妮雅的这种学习精神对你有什么启发呢?

第十章　异国恋情终成眷属

自从来到索尔本大学后，教授的渊博学识使玛妮雅羡慕，强烈的求知欲使她专心刻苦地学习。讨厌的是，一些男学生总是用温情的眼睛追随着她，使她难以摆脱。然而，头脑清醒、智力超群的玛妮雅，没有半点心思谈恋爱。因为玛妮雅发誓保持独立生活，与恋爱绝缘。她只爱大学校园和实验室，只爱数学和物理学，因此，每次考试，玛妮雅总是名列前茅。

天赐姻缘，所有的一切在1894年发生了改变。法国全国性的应用科学研讨会在巴黎召开了，玛妮雅也被邀请参加了这次会议。会上，玛妮雅生动的发言引起了人们的高度重视。于是，法国国家工业促进协会找到玛妮雅，想委托她研究钢铁的磁性，玛妮雅勇敢地接受了挑战。

但是，玛妮雅苦于找不到合适的实验室，一筹莫展。刚好这时一位波兰物理学教授科瓦尔斯基前来巴黎旅行，一下车就打听玛妮雅的住址，见面后亲切地询问她的近况。

玛妮雅说："教授先生，我最近正接受了法国国家工业

促进委员会一个研究项目，但很难找到合适的实验室，不知您可有合适的实验室推荐下？"

热心的科瓦尔斯基听了以后，稍加思索，便关切地对玛妮雅说："我有一个意见，我认识一个很有价值的学者，他叫比埃尔·居里，在娄蒙路理化学校里做事，也许他那里能有一间工作室。无论如何，他至少可以给你出个主意。我可以给你引荐一下。"

比埃尔·居里1859年5月15日出生在巴黎，当时是法国一位青年物理学家。他16岁成为理科学士，18岁成为理科硕士，19岁成为巴黎大学理学院德山教授的助手，继而当上了巴黎市立理化学校实验室主任。他发明了"居里天平"，发现了"居里定律"，深受国内外学者的钦佩和器重。

比埃尔·居里道德高尚，对于名誉和地位一无所求。如今他已经35岁，仍然单身。因为在20岁时，他不幸地失去了一位女友，这使他痛苦万分。比埃尔·居里从此不愿再谈恋爱，发誓永不结婚。

在科瓦尔斯基的引荐下，玛妮雅和比埃尔·居里第一次见面了。不知为什么，比埃尔·居里一见到玛妮雅就产生了兴趣，他着迷地打量着玛妮雅。玛妮雅也被比埃尔·居里高大的身材、谦虚有礼的性格、庄重而又活泼的言谈所深深吸引。

比埃尔·居里已经知道玛妮雅来巴黎前的简况，玛妮雅

天资聪明，但是没有钱。比埃尔·居里关心玛妮雅的前途和命运，就问她：

"玛妮雅，你将永远住在法国吗？"

比埃尔·居里（居里夫人的丈夫）

玛妮雅想到祖国备受凌辱，脸上泛起了一层阴影。她坚定地说：

"当然不，今年夏天我如果能考上学位，就回华沙。将来我要在波兰做教授，能为自己国家出点力，波兰人没有权利舍弃他们的祖国。"

比埃尔·居里钦佩玛妮雅的爱国热忱，但对她的回答总觉得有点遗憾，然而，彼此都为这次相遇而欢喜，他们愿意再见面。

几个月过去了，随着彼此的爱慕和信任的增长，友谊增加了，亲密的程度加深了。比埃尔·居里发现玛妮雅勤奋好学，聪慧机敏，朴素扎实，从外表到心灵都很美丽，是一位难得的终身伴侣。比埃尔·居里被玛妮雅吸引住了，不愿谈恋爱的特殊性格彻底改变了，他以温柔而执着的精神追求着玛妮雅。

女科学家居里夫人

在这以后的几次交谈中，比埃尔·居里求爱心切，明确地向玛妮雅求婚。玛妮雅却不能做出决定，因为嫁给一个法国人，永远离开自己的家乡，抛弃祖国波兰，在她看来，简直是一种可怕的叛国行为。

想到这里，玛妮雅不禁又思念着自己的亲人和祖国，她决定几周后就回国度假。

比埃尔问她："你十月间还回来吗？答应我你一定还要回来！你留在波兰就不能继续搞研究了。现在你没有权力抛弃科学！"这短短的几句话，流露出居里内心的深情厚谊。

玛妮雅很受感动，她回答说："我相信你的话是对的，我很愿意再回来。"

考试结束了，玛妮雅要回华沙度过夏天，踏上了回国的列车。

父亲知道了玛妮雅和比埃尔相识的事后，十分赞成这段姻缘。他认为，科学和爱情是不分国界的，只要能为人类做出贡献，就是对得起自己的亲人和祖国了。

1895年7月26日，玛妮雅经过一年多的迟疑和考虑，终于和比埃尔结了婚。他们的婚礼简单得不能再简单了，似乎没什么可说的。婚礼在梭镇市政厅比埃尔父母的花园里举行，参加者有二姐布罗妮雅和二姐夫，还有几位大学里的朋友，斯可罗多夫斯基先生也专程从华沙赶来参加婚礼。

1896年8月，玛妮雅通过了大学毕业生担任教师的资格考

试，而且她还取得了第一名的好成绩。比埃尔很为玛妮雅骄傲，作为奖赏，他带她游历了整个法国。随后，在理化学校玛妮雅谋得了一个职位，与比埃尔一起在实验室里工作。

这一年，玛妮雅28岁，比埃尔36岁。

成长加油站

缘分妙不可言！两个天才的相遇改变了玛妮雅和比埃尔的想法，由此开始了一段奇妙的缘分，不禁让我们感叹命运的神奇。命中注定他们要在一起，成为彼此生活中和事业上最好的伙伴。美好的爱情是生活的希望，即使身处困境，也能给人以力量。

延伸思考

1. 玛妮雅和比埃尔是如何相识的？

2. 科学和爱情是不分国界的，这句话你怎么理解？

第十一章 研究放射性现象并发现钋

1896年7月底,一对年轻夫妇在自行车载物架上捆了几件衣服和两件胶布长斗篷,开始了甜蜜的新婚旅行。他们就是刚刚喜结连理的居里夫妇。

居里夫妇的生活并不像别的新婚夫妇那样浪漫,而是十分的别致。他们常常骑着自行车,在路上漫游。有时候,他们就坐在树林中空地的苔藓上,随便吃一点面包、干酪当作午餐。晚上,他们便到附近的客店去投宿。

结婚以后,居里夫妇过着幸福的生活。虽然物质上很紧张,他们只能依靠比埃尔500法郎的薪金过日子,住的房子也毫无舒适之感,但是他们一起献身科学的精神却是幸福的。

他们在房子里摆着一张白木头桌子和两把椅子,桌子上放着物理学书籍、一盏煤油灯和一瓶鲜花,除此之外没有别的。每天深夜,他们坐在白木头桌的两边,在那盏煤油灯下一直工作到第二天凌晨两三点钟。居里夫人准备着大学毕业生的求职考试,比埃尔则为理化学校的新课编写着提纲。他们有时抬起头来,交换着互相爱慕和赞许的眼神。

每天清晨起来，居里夫人到市场去买好一天吃的菜和其他的东西，回来以后生火做饭，在去实验室之前把饭锅放在火炉上以便回来有饭吃。他们仍然过着像上索

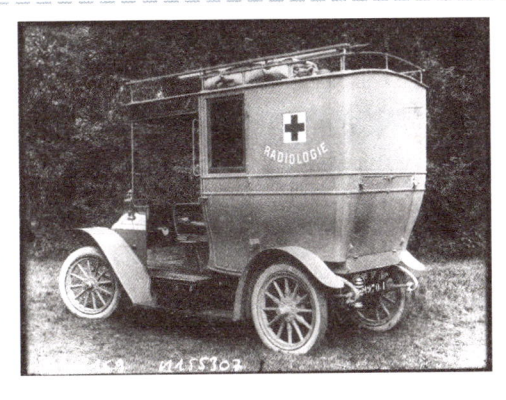

居里夫人改造的"放射车"

尔本大学时的那种"闭关自守"的生活，除了有时去看望居里夫人的二姐一家和比埃尔的父母以外，他们谁也不见。他们几乎不去看戏，没有消遣和娱乐。这样，他们既可以节约时间，又可以省钱，最重要的是节省时间去工作和搞研究。

1897年9月12日，他们的第一个女儿诞生了，取名伊雷娜。

那时，他们的生活十分困难，但是，居里夫人并没有马上去找工作，她计划在正式参加工作之前，首先通过博士学位的考试。

居里夫人仔细研读了物理学方面的最新著作，想找出一个论文题目来，因为她必须选一个能充分发挥的新颖的研究题目。她不停地跑遍了所有的图书馆，查阅了所有的最新研究报告，最后终于被法国物理学家安东尼·亨利·贝克勒尔的一份报告所吸引了。

女科学家居里夫人

她发现,1896年法国科学家安东尼·亨利·贝克勒尔指出:铀的盐类无须暴露于光,本身就会发出某种性质不明的射线。如果把一种铀盐放在一块用黑纸包着的照相底片上,它就会透过黑纸在底片上留下印痕。这些奇怪的盐类所发出的射线,能把周围的空气变成导体而使验电器放电。但是,这种射线的性质及其来源仍然是一个谜。

居里夫人产生了一种强烈的研究欲望,究竟这种叫作铀的射线的能量来自哪里?为什么别的物质没有同样的能量呢?

顽强的居里夫人决定把这个问题作为博士论文的主题来研究,居里先生也支持她的决定。这是一项以前从未有人提出过的课题,没有任何资料可以用来作为指导。

经过几个星期的埋头实验,居里夫人的实验有了初步的结果。她发现铀的射线很独特,它不受光和温度以及它本身以外任何东西的影响,这究竟是一种什么射线呢?

居里夫人与放射车

居里夫人觉得单靠研究铀,无法深入了解这种奇特的放射现象。因此她决定从铀以外的其他物质着手。她放

下了对铀的研究，决定检查所有已知的化学物质。

　　研究的题目确定以后，居里夫人向理化学校的校长免费借用了一个工作室。这个工作室原来是一个机器房，没有进行科学实验的必要设备。居里夫人克服了许多物质困难，在这个简陋的实验室里，开始了研究工作。

　　居里夫人用一个"游离室"、一个测电器和一支压电石英静电计，首先测量了钠射线的"游离力"，即这种射线把空气变成导体而使验电器放电的那种力。经过实验发现，这种射线的放射强度与试样中铀的含量成正比，它可以被精确地测量出，不受外界环境的影响。

　　后来，居里夫人又对一切已知的化学物质进行了研究，发现元素钍的化合物自身也能发出射线来，其强度与铀的射线强度相类似。由此可见，这种奇怪的现象根本不是铀所独具的。

　　为了能尽快取得进展，居里夫人一连几天都没有按时回家吃饭，比埃尔骑着自行车来到实验室。居里夫人看到丈夫走进实验室，激动地说："比埃尔，我正要告诉你，我决定把众多物质能自发地放射出同样强度射线的现象，叫作放射性现象，你看好不好？"

　　比埃尔当然赞成妻子的想法，时刻关注着妻子实验的进展。他虽然没有直接加入实验工作，可是，却时常给妻子提出许多实用的建议和想法。最后，比埃尔决定暂时停止自己

女科学家居里夫人

在结晶体方面的研究,帮助妻子一起寻找这种新物质。

现在,奋斗的力量增加了一倍,在潮湿的小实验室里,有两个头脑、四只手在一起劳动。从此以后,居里夫妇的工作中就不可能分辨出哪一部分是哪一个人的成绩了。

居里夫妇在夜以继日的工作中,按照自己发明的化学分析方法,对沥青铀矿石做了进一步的研究。首先,他们把这种矿石中的一切已知元素分离出来,然后再测量每一种元素的放射性。经过逐渐淘汰之后,他们慢慢地看到,那种异常的放射性来自于矿石的某些部分。

随着工作慢慢进展,他们的研究范围也慢慢缩小了。最后的研究结果表明:在沥青铀矿中存在两种异常放射性。因此,居里夫人最后断定,在这种矿石中存在两种而不是一种新元素。

1898年7月,居里夫妇成功了,他们发现了除铀之外的又一种新的元素。这个消息响彻了巴黎、法国乃至全世界的科技界上空。

比埃尔让妻子给这种新元素起个名字。居里夫人的思绪一下子飞回到了祖国,为了纪念祖国对自己的养育,为了让狂妄的压迫者们知道波兰人的聪明才智,她决定叫它"钋",因为钋和波兰这个词的词根相同。

成长加油站

居里夫人经过刻苦的研究和不断努力，发现了新的元素，并为它命名为"钋"，一个象征了她国家的名字，她始终没有忘记自己最初的梦想，这份爱国之情值得我们称赞。小朋友，你爱国吗？在平时的生活中你是如何做的呢？

延伸思考

1. "钋"这种新元素，是如何被居里夫人发现的？

2. 居里夫人为什么把这种新元素命名为"钋"？

第十二章　在棚屋中提炼纯镭

发现钋元素之后的第五个月，居里夫妇又发现了一种新元素。它是在沥青铀矿中被发现的，比铀的放射性还要强百倍，他们叫它"镭"。

钋和镭的发现在当时的科技界产生了极大的震动，推翻了几个世纪以来学者们相信的基本理论，并且与已经根深蒂固的物质观念相反。因此，物理学家要保持谨慎态度，他们对居里夫妇的工作极感兴趣，但是还要等得到决定性的结果之后，再表示意见。

化学家也保持谨慎态度，他们对于一种新物质，只有在看见了它，接触了它，称过它，检查过它，用酸加以对比，把它放在瓶子里，并且确定了它的"原子量"时，才相信它的存在。

为了把钋和镭让所有人亲眼看见，为了要向世界证实钋和镭的存在，居里夫妇的目标是要取得纯镭和纯钋。提炼出这两种放射性物质，可不是一件很轻松的事情，他们为此消耗了8年的艰辛劳动。

第十二章　在棚屋中提炼纯镭

　　提炼的地点在娄蒙路的棚屋工作室，在这个棚屋里，居里夫妇既是操作工人，又是研究学者，艰难和快乐地工作着。

　　因为棚屋的顶部是玻璃的，夏天，棚屋里面燥热得像温室；在冬天，棚屋里面冷得像冰窖，炉子即使烧到炽热，也只有靠近炉子才能感受到一点暖气，可是离开一步，立刻就回到寒带去了。

　　不过，居里夫妇必须要习惯室外的严寒。因为棚屋里没有把有害气体放出去的通风装置，所以大部分炼制工作必须在院子里露天进行。每逢下雨，他们就把设备搬进棚屋，开着门窗让空气流通，以便继续工作，而不至于被烟窒息。

　　就是在这样简陋的工作条件下，居里夫妇他们共同从事镭和钋的化学离析工作，并且研究他们所得到的活性产物的放射性。不久，他们认为分工的效率比较高，比埃尔便试着确定镭的特性，以求熟悉这种新金属。

　　居里夫人继续炼制、提取纯镭盐。

　　在这种分工中，居里夫人选了"男子的职务"，做的是壮汉的工作。她穿着满是尘污和酸迹的旧工作服，头发被风吹得飘起来，周围的烟刺激着眼睛和咽喉，她独自一个人在院子里操纵一个工厂。而比埃尔在棚屋里专心致志地做着实验。

　　镭，这种新物质的放射性极强，极少量的镭散布在矿石中。居里夫人继续一公斤一公斤地炼制沥青铀矿的残渣，圣约阿希姆斯塔尔矿前后几次给她运来了好几吨这样的残渣。4年

来，居里夫人每天都是学者、是专业工人、是技师，也是苦力。棚屋里的旧桌子上放着越来越浓缩的产物，所含的镭越来越丰富。

居里夫人离目标越来越近了，最后关键的是把那些放射性很强的溶液提纯，并把它们"分离结晶"。这时候需要一个很洁净的地方，应该有防寒、防热、防污性能极佳的仪器。但是在这个简陋的棚屋，到处通风，铁屑和煤灰飞扬，很容易混到小心提净的产物中去。所以，居里夫人必须每天费去她许多时间和精力去防止提取物被污染，这使她很伤心。

这种无休无止的奋斗，比埃尔也感到极为疲倦，他几乎要放弃它。他不是想放弃研究镭和放射性，但是他很愿意暂时放弃这项特定的工序：提炼纯镭。等到将来有较好的条件时再继续这项工作。他劝居里夫人暂时休息一段时间。

但是，居里夫人没有听从丈夫的劝告，继续工作，她想研究镭，就一定要把它研究出来。1902年，居里夫人的研究取得了重大进展：她提炼出一分克纯镭，并且初步测定了这一新物质的原子量为225。

镭正式存在了。

我们不要小看了这一点的镭，它是居里夫妇花了4年的时间提炼而成的。更重要的是镭的发现改变了人类的生活。镭有它具有的特性，下面我们来了解下。

镭的辐射强度超过居里夫妇所有的预测，比铀的辐射强

200万倍。科学已经详细分析、研究了这种作用，把镭的射线再分为不同的三种，它们能透过最不透明的材料。只有很厚的铅层能够挡住这些射线和看不见的辐射。

居里夫人在实验室

镭能自动产生一种特殊的气体——镭射气；镭自动放热，它在1小时内放出的热量可以溶化与它等重的冰。镭能穿过黑纸在照相底版上留影；它能使空气导电，并使远处的验电器放电；它能使装它的玻璃容器成为紫色或淡紫色。镭使许多不能自己发光的物体发磷光；镭还扰乱精密实验的结果，这个特性令居里夫妇最头疼。

居里夫人后来写道："白天看不见这种光，但是在半黑中就很容易看出来，在黑暗中，一点儿镭发的光就足够照读之用。"

镭还有一个最大的用处，它能造福人类。它能治疗一种残酷的病症——癌症。

在这里，我们穿插几个有趣的小故事，进一步认识下镭这种化学元素。

发现并提炼出镭元素以后,比埃尔不顾危险,用自己的手臂试验镭的作用。他的臂上有了伤痕,他高兴极了!他写了一篇报告交给科学院,冷静地叙述他观察所得的症状:

"有6公分见方的皮肤发红了,样子像烫伤,不过皮肤并无痛楚:即使觉得痛,也很轻。过些时候,红色并不扩大,只是颜色转深;到20天,结了痂,然后成了需用绷带包扎的伤口。到42天,边上表皮开始重生,渐渐长到中间去,等到受射线作用后52天,疮痕只剩1平方厘米,颜色发灰,这表明这里的腐肉比较深。

我的夫人在移动一个封了口的小试管里的几厘克放射性很强的材料时,也受了同样的创伤,虽然那个小试管是存放在一个薄金属盒子里。在这些强烈的作用之外,我们在用放射性很强的产物做实验时,手上还受了各种不同的影响;手的通常趋势是脱皮。拿了装着放射性很强的产物的胶囊封口的试管的指尖变得僵硬,有时候还很痛:我们有一个人的指尖发炎了,持续15天,结果是脱皮,但是痛感过了两月还没有完全消失。"

化学家亨利·贝克勒尔把一个装着镭的玻璃管放在背心口袋里,也受了伤,不过这并非有心!他又惊奇又愤怒,跑到居里夫妇那里去诉说他们的可怕"孩子"的功绩。他做结论般地说:

"这个镭,我爱它,然而也怨它!"

然后他赶紧记下他这个并非自愿的实验的结果,在1901年6月3日的《论文汇编》上与居里先生的观察一起发表。

这种射线的惊人力量给居里先生留下深刻印象,他因而着手研究镭在动物身上的作用。他与两个高级医生合作。不久他们就确信,利用镭破坏有病的细胞,可以治疗狼疮瘤和某几种癌症。这种治疗法定名为放射疗法。许多法国的开业医生利用这种方法对上述癌症进行了最初的几次治疗,均获成效。他们用的镭射气度试管,就是向居里夫妇借来的。

居里夫人后来写道:"圣路易医院的大夫已经研究了镭对皮肤的作用。镭在这一方面的效果是令人鼓舞的;它的放射作用所毁坏的部分表皮,重长出来是健全的。"

镭的用处大极了!

自从居里夫人发现镭,她就没有离开过她的第1克镭。后来居里夫人把它赠给她的实验室了。这1克不同寻常的镭,还有那个工作4年的棚屋,仍然是居里夫妇一生中英勇时期的辉煌象征。

女科学家居里夫人

成长加油站

为了提炼镭，居里夫妇无休无止地奋斗着，疾病缠身，条件简陋都无法阻挡他们对科学的向往，他们的坚持不懈，顽强拼搏，让人敬佩不已。他们为科学，为人类做出了巨大的贡献。小朋友，你知道吗？条件的简陋并不能成为我们放弃做某件事情的借口，我们要直面困难，争取成功。

延伸思考

1. 为了提炼镭，居里夫妇面临哪些困难？他们是如何克服的？

2. 居里夫妇在常人难以忍受的条件下工作，是什么精神支撑着他们这样去做？

第十三章　获得博士学位

在这艰苦的4年研究工作当中，居里夫妇的生活也过得比较拮据。比埃尔在理化学校每年授课120小时，才能得到500法郎一月的薪金。这已经不太够用了。在他生活窘迫的时候，忽然来了一个意外的机会。

瑞士的日内瓦大学急需一位物理学教授。他们看中了比埃尔响当当的博士学位，发邀请函请他去任教。薪金是每年1万法郎，并提供住房和实验室经费，还给配备4名助手。同时，居里夫人也在该实验室里获得了一个正式的职位。

1902年7月，居里夫妇一起来到了瑞士，受到了同行们的热烈欢迎。但是不久，他们又犹豫起来了。因为他们研究镭所用的材料难以搬运，如果来瑞士工作，就意味着要暂时终止这项研究，对两个热心科学的人来说，这个要求显得有些无法接受。

比埃尔最后决定拒绝瑞士日内瓦大学的邀请，留在巴黎继续做实验。

当巴黎的大学知道瑞士日内瓦大学邀请比埃尔的消息后，

也都争相来邀请他。比埃尔决定到报酬比较高的巴黎自然科学院任教。

巴黎科学院院长保罗·阿佩尔很赞赏比埃尔卓越的工作，并且了解他十分需要实验室和设备。这时，政府提出应赠一批荣誉勋位勋章，院长写信给比埃尔，请他允许将名字列入名单。为了说服他接受这个勋位，院长又写信给居里夫人，请她说服比埃尔接受这个建议。

比埃尔觉得政府不肯把工作所需给一个科学家，却给他一条下面系着一个珐琅质十字章的红丝带，作为鼓励，真是太没实用价值了。

比埃尔给院长的答复如下：

"敬请代向部长先生申谢，并请转告他，我丝毫不感到需要勋章，我迫切需要一个实验室。"

1903年11月，一封信通知居里夫妇，伦敦的皇家学会把该会的最高奖戴维奖章赠给他们，以表推崇。

居里夫人正不舒服，让她的丈夫独自去参加仪式。比埃尔从英国带回来一枚很重的金奖章，上面刻着他们两个人的名字。他要在房子里给这枚奖章找个地方安放，他处理得笨极了，丢了，又找着……后来，忽然灵机一动，他把它交给女儿，这个6岁的女孩为得到这个新的玩具高兴了好多天呢。

本希望新的职务能给他提供一个实验室。但是，比埃尔只得到了两间很小的屋子，他很失望。此时，比埃尔同时担任两

处教学工作，指导两组学生的实验工作。而居里夫人在上完课后，还要回到实验室去做重体力的实验。

比埃尔每天也为此耗费了很多精力，来回赶路也影响了居里夫人的工作效率，更影响了他们的健康。尤其是比埃尔，原本很强健的身体，被超负荷的工作压力压倒了。他双腿肿胀，浑身无力，而且经常发烧。居里夫人的体重每星期都在减轻，在棚屋里的4年，她轻了7公斤。

居里夫妇空自梦想着的实验室还远得很，可是他们仍须继续他们细致的实验。

一次，只有一次，比埃尔说了一句诉苦的话。他用很低的声音说："我们选择的生活太苦了。"

居里夫人想反驳他的话，但是她不能掩饰她的担心。比埃尔气馁到这种地步，是否因为他的力量已经用尽？

也许他得了某种可怕的不治之症？而居里夫人自己能否克服她的极端疲劳？几个月以来，死亡这个念头就在她周围徘徊，困扰着她。

"比埃尔！"

比埃尔吃了一惊，转向妻子；妻子痛苦地喊他，她的声音好像是有人掐住了她的咽喉。

"怎么回事？亲爱的，你怎么啦？"

"比埃尔，如果我们俩死了一个，剩下的一个也活不了，我们分开是不能活的，是不是呢？"

女科学家居里夫人

比埃尔慢慢地摇着头。他对妻子忧伤的脸凝视片刻，然后坚定地回答说："你错了。无论发生什么事，一个人即使成了没有灵魂的身体，还应照常工作。"

为了生活，为了提炼出镭，居里夫妇仍以顽强的毅力坚持着。转眼间，4年过去了，他们也终于获得了成功。

在一个星期日的早上，居里夫妇做出了令人叹服的决定——放弃镭提炼技术的专利。话题是从生活费用、科研资金及对实验室的渴望开始的。

比埃尔说："或者我们可以自居镭的所有者和'发明家'。若是这样，那么在你发表你用什么方法提炼沥青铀矿之前，我们须先取得这种技术的专利执照，并且确定我们在世界各地制镭业的权利。"

为了要尽到良心上的责任，他强调说：

"我也认为这样做不好，……但是我不愿意我们这样轻率地决定。我们的生活很困难，而且恐怕永远是困难的。我们有一个女儿……也还会有别的孩子。为了孩子们，为了我们，这种专利代表很多的钱，代表财富。有了它，我们一定可以过得舒服，可以去掉辛苦的工作……"

他还微笑地提到唯一不忍放弃的东西：

"我们还能有个好实验室。"

居里夫人想了几秒钟，然后说：

"我们不能这么办，这是违反科学精神的。"

"物理学家总是把研究全部发表的。我们的发现不过偶然有商业上的前途,我们不能从中取利。再说,镭将在治疗疾病上有大用处……我觉得似乎不能借此求利。"

居里夫人的1911年诺贝尔化学奖获奖证书

居里夫人丝毫不想说服她的丈夫,她知道他只是出于谨慎才说要取得专利;而她自己十分坚决地说出来的话,正表示他们两个人的感觉,表示他们对于学者职责的正确概念。

在寂静中,比埃尔重述妻子的话,好像是一个回音:

"我们不能这么办……这是违反科学精神的。"

在这次星期日早晨的简单谈话中,他们已经在贫苦和财富之间作了永久的选择:镭的发现应属于全人类所有,不属于个人所有。

镭提炼出来之后,居里夫妇本应该好好地休养一段时间,来恢复一下过度疲惫的身心。

但是,倔强的居里夫人一点也不肯松懈。他们马上又开始着手写他们的论文了。他们继续做了许多实验,写出了大量很有见地的论文,这些论文一发表就在全世界引起了轰动。

居里夫妇发现镭以后,科学界产生了很大反响。法国科学

女科学家居里夫人

院为了对镭做进一步的研究,给了居里夫妇2万法郎,作为研究的经费。接着,法国的著名化学家们也联手成立了提炼镭的化工厂,并给居里夫妇提供了一个单独的实验室。这样他们便可以告别那狭小、破旧的棚屋了。

这一切都为居里夫人尽快通过她的博士论文答辩提供了便利条件。

可是,就在这个时候,居里夫人的父亲因病去世,给了她沉痛的打击。但是她忍住失去亲人的悲伤,继续准备着论文答辩的前期工作。

1903年6月25日,在索尔本大学的阶梯教室里,举行了居里夫人的博士学位论文答辩会。

三个穿大礼服的主考官坐在一张长桌后面,轮流问居里夫人一些问题。主考官是布提先生和李普曼先生,这是居里夫人最初的教授,还有一位是穆瓦松先生。他们都面带微笑,认真地听着居里夫人的回答。

居里夫人站在主考官面前,从容地阐述了关于放射性物质的所有性能,以及她的发现和成果。她是那样冷静、自然,用柔和而清晰的声音回答着问题,有时她还拿起粉笔在黑板上面画出仪器的图形,或写出一种基本公式的符号。

答辩圆满结束,主席李普曼先生宣布:"巴黎大学授予您物理学博士学位,并附'极优'的评语。"

居里夫人很感谢主考官们以及恩师,感激地说:"谢谢三

位主考官，尤其要感谢我的恩师布提先生和李普曼先生，他们给了我很大的帮助。"

居里夫人获得博士学位之后，不断地接到聘书和邀请信。最先邀请居里夫妇的还是瑞士的日内瓦大学，英国皇家科学协会也发来邀请信，邀请他们前去演讲。

1903年6月，居里夫妇前往英国皇家科学协会，居里夫人是第一个以女性科学家的身份登上这种盛大的皇家科学演讲会的人。举行讲座的那一晚，礼堂里挤满了英国的学者。居里先生用法语慢慢地讲着镭的特性，并当场做了几个相关的实验。英国皇家学会决定把该会的最高奖——戴维奖章赠给他们。

1903年12月10日，从瑞典的斯德哥尔摩又传来了喜讯，为了表彰居里夫妇在放射性方面所做的贡献，科学院在"正式常会"上公开宣布，把当年的诺贝尔物理学奖奖金一半授予贝克勒尔，一半授予居里夫妇。

居里夫人是科学界获得诺贝尔奖的第一位女性，这是至高无上的、誉满全球的殊荣。同时，他们还得到了大约4万美元的奖金。

他们虽然成名了，但他们过的仍然是一种普通人的平凡的生活。家务方面烦心的事，已经大为减少。一个干粗活的女仆承担了一切重活。一个打杂的女佣人料理烹饪和开饭。她看着她的奇怪雇主的专心态度，总是惊得大张着嘴，而且时常空自等着他们称赞她做的烤肉或马铃薯泥。

女科学家居里夫人

有一天，这个朴实的女佣人忍不住了，她站在比埃尔面前，用坚决的语调问他刚才吃的很多的煎牛排做得怎么样，但是比埃尔的回答却使她莫名其妙。

比埃尔喃喃地说："我吃了煎牛排吗？"然后表示和解地又加上一句："可能吃了吧！……"

1904年12月6日，居里夫人生下了第二个女儿，是一个黑头发，大眼睛的女婴，居里夫妇给她取名为伊芙。

镭的发现，给科技界带来了不小的震动。人们在认识到镭的治疗效用之后，许多国家看出镭的巨大社会效益和经济效益，都准备计划开发放射性矿物，特别是美国和比利时。然而，他们还不知道制镭的方法，无法提炼出纯镭。于是这些国家愿出巨资买下居里夫妇关于制镭的专利。但居里夫妇却分文未取，无偿提供了研究成果。

成长加油站

因为撰写博士论文，居里夫人进入了一个未知的领域。居里夫人沉迷其中，虽然条件艰苦，但是为了追求真相，她不在乎。居里夫妇潜心研究物理学的未知领域，不辞辛劳，终于获得成功。他们又把制镭的专利权无偿地贡献给全人类，这种精神值得我们每个人的称赞。

延伸思考

1. 居里夫人是如何获得博士学位的？

2. 居里夫妇为什么要把制镭的专利权无偿地贡献给全人类？

第十四章　痛失至爱，独自撑起一片天

1906年4月19日，居里夫人永生难忘的一天。

那天是星期四，天一直在下雨，天色昏暗。比埃尔要参加理学院教授联合会的聚餐，要到他的出版商那里去看校样，然后要到科学院去。居里夫人也有几堂课要教。

在早晨的匆忙中，居里夫妇几乎彼此没有见面。

比埃尔在楼下喊妻子："玛妮雅，你今天去实验室吗？"

居里夫人正在楼上给伊雷娜和伊芙穿衣服，回答说：

"比埃尔，我今天没有时间，不去了。"

但是她的话被嘈杂声淹没了。

大门"砰"的一响，比埃尔忙着出去，很快地走了。

居里夫人在家里与女儿们一起吃午餐的时候，比埃尔正在饭店里和他的同事们亲切交谈。他喜爱这种平静的聚会，他们在那里谈索尔本、研究和职业。

将近两点半的时候，比埃尔微笑着站起来向朋友们告辞。走到门口，他不在意地看了看天空，然后打开他的大雨伞，在倾盆大雨中向塞纳区走去。

他到了出版商那里，看见门关着：工人们罢工了。他转身走上多非纳路，马车夫的喊声、附近码头上开过的电车发出的刺耳响声，使这条街十分喧闹。巴黎旧区这条狭窄的路上十分拥挤，马路上差不多只能容车马通过，而在下午这时候行人太多，人行道显得太窄。

　　比埃尔本能地找人少的路走，他有时走在石铺的路边，有时走在路上，步伐很不稳，心里在默想着事情，眼神集中，脸色郑重。

　　他已经在沥青路上走了一会儿，跟在一辆向诺夫桥慢慢驶去的轿式出租马车后面。到了这条街同码头交叉的地方，喧闹声更大了。一辆开往贡德的电车刚刚沿河驶过，两匹马拉的一辆四轮重货车正由桥上过来，横越车轨，疾驰进多非纳路。

　　比埃尔想穿过马路，走到那边人行道上去。他心不在焉地突然移动，离开出租马车给他的掩护，这辆车的四方车厢遮住了他的视线；他向左走了几步，撞到一头喷着热气的牲口。那辆货车这时候正经过这辆马车，他撞的是驾车的一匹马。两辆车旋风一般地挨近了，比埃尔吃了一惊，拙笨地移动了一下，想贴在马胸前，但它突然后腿站起。

　　比埃尔的鞋底在湿地上一滑，听到一声叫喊，引起了一阵惊惧的喊声。比埃尔已经跌在两匹马的铁蹄下了，过路的人大声喊着："站住，站住！"马夫急忙收缰，可是毫无用处，这两匹马仍然向前驰去。

比埃尔倒在地上,并未受伤。他没有喊,也没有移动,马蹄和货车的两个前轮从他身体两旁过去,没有碰到他,但左边的后轮压到了比埃尔的脑袋。比埃尔就这样被马车的车轮压死了。

突如其来的噩耗,使居里夫人遭受重大打击。当她听到这个不幸的消息时,完全不动,浑身僵直,像木头人一样地毫无生气,毫无感觉。一阵可怕的寂静后,她的嘴唇终于动了,她低声问着:"比埃尔死了?死了?真的死了?"

突如其来的灾祸使居里夫人失去了一位工作和生活上的好伴侣,世界也失去了一个伟大的人物。比埃尔之死,引起了一些重大问题:比埃尔遗下的研究工作由谁来做?他在索尔本的教职怎么办?居里夫人的前途如何?

在比埃尔葬礼仪式举行后的第二天,政府提议给居里夫人和孩子一笔国家抚恤金。在征求居里夫人的意见,她完全拒绝,她说:"我不要抚恤金。我还年轻,能挣钱养活我和我的女儿们。"

接着政府和居里一家商量:大学有意留居里夫人在学校里工作,可是给她什么头衔?叫她在哪个实验室里工作?到哪里去找一个能够领导居里先生实验室的教授职位?

当问起居里夫人自己的意见时,她茫然地回答说:"我试一试。"

1906年5月13日,政府和巴黎大学经过讨论商议,决定把

第十四章 痛失至爱，独自撑起一片天

比埃尔的职位，以"代课教师"的名义给予居里夫人，并让她兼任实验室主任。

居里夫人努力调节自己的心态，因为她身上还肩负

居里一家

着许多责任和义务，她告诉自己一定要振作起来，把比埃尔没有完成的事业继续做下去，把两个女儿抚养成人，照顾好比埃尔的父亲，让他能够安度晚年。这个担子很重，但居里夫人却毫不畏惧地扛起来；这条路也很难走，但居里夫人却要顽强地走下去。

自从到巴黎大学任教以后，居里夫人每天都十分辛苦。天刚亮，她就要起床，去赶早班的火车。在火车上，她随便吃几片面包，喝一点热茶，就算是早餐了。在学校里，除了上课之外，其余的时间她都是在实验室里度过的，就像4年前在棚屋里一样。晚上她常常很晚才乘火车回家，家里已经亮了灯。辛苦了一天，她躺在沙发上休息，这时候她才喘过气来。

居里夫人把悲痛深深藏在心里，不让家人和别人看见，从来不在别人面前哭泣，不肯让人怜悯或安慰，从来不对别

人发出绝望的呼声,不告诉别人在夜里折磨她的噩梦。

在这几年的悲伤时期中,居里夫人顽强地支撑着自己。1910年2月,一场寒流袭击了巴黎,比埃尔的父亲病倒了。2月25日,他也永远地离开了他的亲人们。

居里夫人又失去了一位至亲,对她来说,这又是一次沉重的打击。为了使家人摆脱悲哀,她决定搬到圣路易岛。

1908年,索尔本大学正式聘任她为学校的教授来教放射学。她是世界上第一个也是当时唯一教这种科目的教授。

在繁忙的工作当中,居里夫人并没有停止著书立说。1910年,她把自己的讲义写成一本971页的专著,名为《放射学专论》,这是一本包括所有关于放射学知识的巨著。

出版社认定这是一本传世佳作,特意请居里夫人选了一张照片登在扉页上。居里夫人翻开相册,选了一张丈夫在实验室的工作照,放在著作的前面。接着,她又满怀悲痛地写了一篇序言,叙述了丈夫的研究生涯和非凡的才能,追述丈夫的一生,深切悼念和惋惜丈夫的不幸去世。

其实,早在两年前的1908年,另一本600页的书里也放了这张相片,那本书叫作《比埃尔·居里的著作》,是居里夫人整理修订后出版的。

居里夫人现在又要完成一个新的研究计划,那就是测定镭的计量单位。她提炼了几毫克氯化镭并且确定了这种物质的分子量,然后她着手离析金属镭并获得成功。这种方法使

得镭能耐受大气因素的作用而不变质。这种操作方法是科学中已知的最精细的一种,历史上只做过一次。

后来,居里夫人又发现一种方法,能用镭射气定镭的分量。因为放射疗法的普遍发展亟须把这种贵重的材料极精确地分成极小的部分。到了要定1毫克的千分之一这种重量时,天平就没有多大用处了。居里夫人想到根据放射物质发出来的射线来给这类物质"定量",这是一种十分困难的实验,但她成功了。

居里夫人把实验的结果写成论文发表,发表了《放射性元素分类》和《放射性常数表》,同时她完成了另外一项有普遍重要性的工作:制备镭的第一国际计量单位。这就是后来遍布五大洲的计量单位的标准。

居里夫人的名声越来越大,她所住的房间的抽屉里,塞满了名誉博士学位的文凭和外国科学院通讯院士的证书。为了表彰居里夫人的功绩,1910年,法国政府决定授予居里夫人骑士十字勋章,但是她拒绝接受。

可是几个月后,一些过于热心的同事劝她申请为科学院院士,这次她却没有拒绝。因为她知道,如果再拒绝法国给她的这种崇高的科学荣誉,恐怕显得太自负、太忘恩负义了。

和她竞选科学院院士的是杰出的物理学家和著名的天主教徒埃都亚·布朗利。一时间,赞成妇女入科学院与反对这

种做法的人发生了对抗，居里夫人无能为力地、惊慌地看着这些她没有料到的争论。

反对派们大声叫喊：

"妇女不能当科学院院士！"

1911年1月23日，选举开始了，院长竟在开会的时候大声对看门人说：

"除了妇女，什么人都可以进来。"

到了下午4点钟的时候，选举结果出来了。

居里夫人只差一票落选了。

这明显是有人在背后捣鬼，但居里夫人对于这个挫折并没有感到苦恼。相反，她的那些同事和朋友们却比她还要生气。

命运是公平的。这年的12月，瑞典的斯德哥尔摩又传来了喜讯。科学院为了表彰居里夫人在她丈夫去世后为科学界所做的巨大贡献，决定授予她诺贝尔化学奖。

法国震惊了，世界震惊了！

一个人在一生当中，能够获得一次诺贝尔奖已经很不容

居里夫人在实验室

易了。但是，居里夫人却以超人的毅力和智慧，再次夺取了这科技顶峰的明珠，怎能不让人震惊呢！

瑞典科学院邀请居里夫人前去领奖，居里夫人请二姐布罗妮雅陪她去瑞典，并且把大女儿伊雷娜也带去了。这个孩子参加了这次庄严的集会，24年后，她也要在这个大礼堂接受这份荣誉。

除了照例的接待和晚宴之外，依照惯例，居里夫人还要做一次公开演讲。

在演讲中，居里夫人把自己所取得的成绩，大部分归功于比埃尔。她讲了自己是与比埃尔一起发现镭的，在放射学领域，有几项基本研究，也是她和比埃尔共同完成的。

这就是居里夫人，一位不为金钱和名声所动的44岁的伟大女性。

女科学家居里夫人

成长加油站

一次意外让居里夫人永远失去了挚爱,从此一切都变了,但是居里夫人没有变,仍然是那个坚强的居里夫人。面对沉重的打击,依旧坚强地生活,居里夫人不愧是我们的好榜样!

延伸思考

1. 失去至爱后,居里夫人是如何坚强面对的?

2. 孤军奋斗,从不退缩。居里夫人这种面对生活和工作的精神,对你有什么启发意义?

第十五章　亲手创建巴黎镭研究院

　　一个人的一生获得一次诺贝尔奖已经很了不起了，何况是获得两次，这让许多人对居里夫人羡慕不已，对她顶礼膜拜。但是，世上有好人，也有坏人，居里夫人的成功招致了一些人的仇视。他们制造各种恶毒的流言蜚语，就像一阵突如其来的狂风一样，扑到居里夫人的身上。

　　因为工作过度劳累，居里夫人已经筋疲力尽了。现在，又凭空出现了一些谣言，使她再也支撑不下去了，她病倒了。居里夫人的亲朋好友主动来巴黎照顾她。

　　在亲人们的细心关怀和照顾下，居里夫人渐渐恢复了一点元气，心灵也得到很大的慰藉。但是，她的体力却在一天天地衰退。

　　1911年12月29日那天，居里夫人终于支撑不下去了，奄奄一息地躺在床上，亲人们急坏了，把她送到一所疗养所去疗养。医生彻底检查了她的身体，发现她的肾脏有严重病变，必须动手术。

　　居里夫人想到还有许多的工作要做，连忙说："您好，

医生,手术能不能推迟到3月份,因为2月底我还有一个重要的物理会议要参加。"

居里夫人是一位名人,一些事情都事先早有安排。医生无可奈何地回答说:"那好吧,但这段时间您要好好休养,不可再工作了。"

3月份的时候,著名的医生查理·至尔泰给她做了肾脏手术,手术很成功。但是,居里夫人的健康状况仍然不乐观,她太虚弱了,几乎站不起来,走路还需要人搀扶。

就在这个时候,祖国华沙传来了一个振奋人心的好消息:原来,自1905年俄国发生革命以后,沙皇政府放松了对波兰的控制。华沙人民的生活条件也得到了很大的改善。人逢喜事精神爽,居里夫人十分高兴和激动。

1911年,华沙一个较独立的很活跃的科学协会请居里夫人当"名誉会员"。几个月后,那些知识分子想到一个伟大的计划,要在华沙创设一个放射学实验室,请居里夫人回去来领导。他们要把这个世界上最伟大的女学者迎接回去,让她永远留在祖国。

1912年5月,华沙科学协会派人来到巴黎,向居里夫人正式发出了邀请,请她回祖国做实验室的领导。

在别人看来,这是一个非常难得的机会,可以回到祖国的怀抱了。但是,居里夫人却犹豫了起来,因为她渴望已久的实验室终于被批准创设了,如果她在这个时候离开巴黎,

那这个希望就会破灭了。

回归祖国的想法使居里夫人思考了很久,最后她写了一封辞谢的信寄往华沙,她答应在远处领导这个新实验室,并且把它交给两个最好的助手去波兰管理。

1913年,居里夫人回到华沙去参加放射学实验室落成典礼,祖国的人民给她以热烈的欢迎。大礼堂被挤得水泄不通,这是她平生第一次用波兰语做科学演讲。

由于得到了很好的调养,居里夫人的健康逐渐好转。1913年夏天,居里夫人背起行囊徒步游历昂加地纳,想借此试验自己的体力。居里夫人的女儿和她们的保姆陪着她,除了他们,还有一位伟大的天才学者,他就是著名的物理学家阿尔伯特·爱因斯坦以及他的儿子。几年来,居里夫人和爱因斯坦之间建立起了极好的"天才友谊",他们彼此钦佩和欣赏。

在这次短期休假之后,居里夫人去了一趟英国,后来又到比利时去,她去这些国家参加一些科学上的隆重仪式。在英国伯明翰,她又接受一个名誉博士学位。

此时在法国,批判居里夫人的流言蜚语已烟消云散,居里夫人又得到了人们应有的尊重。两年以来,工程师内诺正在比埃尔·居里路替她建造镭研究院。

但是这件事进行得并不顺利。比埃尔·居里刚去世不久,当局向居里夫人提议,征求全国捐款建一个实验室。但

居里夫人拒绝采用这种办法。

1909年,巴斯德研究院的院长罗大夫想出一个慷慨的主意,他要给居里夫人创建一个实验室。这样,居里夫人就可以离开索尔本,来巴斯德研究院做研究工作了。

罗大夫同副校长李亚尔彼此达成谅解,解决了争论。大学和巴斯德研究院共同出资——各出40万金法郎创设一个镭研究院;研究院包括两个部分:一部分是研究放射学的实验室,由居里夫人领导;另一部分是研究生物学和放射疗法的实验室,由著名学者兼医生克娄德·瑞查教授领导,专门研究癌瘤治疗方法。这两个研究机构彼此合作,发展镭学。

决议通过后,立刻便进入实施阶段。有空的时候,居里夫人经常跑到建筑工地去,与工程师讨论。

她对工程师说:"我希望这个建筑可以用到30年、50年,实验室要设计宽大些,要有一个充满阳光的大窗户,还要有一个升降梯。"

工程师说:"您好,夫人,您说的这些我们都会考虑的。"

工程在紧张地施工中,居里夫人不时去看看施工的进展。她自己还亲自栽种蔷薇,挥动着铲子,用双手在没有盖成的墙脚下堆土,并且她每天都来浇水。看着这些慢慢长高的小树苗,她似乎感到了生命的成长,她自己也觉得越来越年轻了。

有一天早晨,居里夫人旧日的实验工友伯弟来找她。这

个人告诉她,因为新建教学楼,娄蒙路的那个棚屋将要拆掉了。

居里夫人同这个旧日朋友,一起来到娄蒙路,向那个棚屋作最后道别。这个棚屋还在那里,一点没有动。黑板上还有居里先生写的几行字,因为人们对这些字迹怀着虔敬的关切,所以没有人去碰它。居里夫人站在棚屋面前,想到了很多很多,似乎又回到了与居里先生一起奋斗的艰辛岁月。

居里夫人在认真地做实验

工程进展得很快,同年七月镭研究院落成了。在新建的镭研究院的大门口红石头上,刻着几个字:镭研究院居里楼。现在只等着它的镭、它的工作者和它的领导人来入住了。

女科学家居里夫人

成长加油站

虽然命运捉弄了居里夫人，但她的果敢坚毅，帮助她重拾了勇气，继续自己的事业，为物理学的发展做出了卓越的贡献。面对外界的流言蜚语，居里夫人没有被打倒，再次站起来，为建立巴黎镭研究院奔跑着，奋斗着。因为只要有梦想，我们的脚步就不能停下来，即使困难重重，也要冲破阻碍。

延伸思考

1. 居里夫人成名后，外界的质疑声不断，她病倒了又爬起来了，是什么力量支撑着她再次站起来？

2. 为什么要创立镭研究院？

第十六章　战争中的无私奉献

居里夫人的教学和研究工作在1914年被打破了，这年的7月28日，德国挑起了第一次世界大战，战火烧到了法国。

德军长驱直入，气势汹汹地逼近了巴黎。顿时，巴黎警钟长鸣，人民奋起反抗，组织了自卫队。社会各界的人士都要求去前线参加战斗。

战争爆发了，居里夫人的同事和实验室中所有的工作者都入伍了。居里夫人身边只剩下了她的机械师路易·拉果，因为他有心脏病，不能参加入伍；还有一个身材太矮小的女仆，她也不适合入伍。

这时，居里夫人的大女儿伊雷娜和小女儿伊芙正和保姆住在布列塔尼租好的一所别墅里。居里夫人答应她们8月3日到那里去和她们团聚。

8月1日的时候，巴黎形势紧张，居里夫人给女儿们写了一封信。

信中写道：

"我亲爱的女儿伊雷娜和伊芙，你们好，当妈妈写这封

信的时候，德军已经逼近巴黎了，形势十分紧张，战事将要爆发。巴黎作为我的第二故乡，我应有责任去保护它，我决定留在巴黎参加战斗，做我力所能及的事情。你们不要担心我的安全，我会注意的。你们要跟着保姆，不要随意外出。战争结束后，我会第一时间过来看你们的。"

8月2日，德军进入了法国，巴黎开始总动员。

居里夫人决定为自己的第二祖国服务，暂时不去和她的孩子们住在一起，把自己的工作留在比较太平的时候再做。这就是居里夫人的伟大胸怀。

居里夫人和同事们立即关上了实验室的门，暂停了一切的科学研究。她和许多勇敢的法国女子一样奔赴前线，保家卫国。由于女子不能与男子一样去前线作战，她只能去当一名白衣天使，救死扶伤。她立刻取得了在卫生服务机关工作的证件，与其他法国女子一样做战时的后勤工作。

在工作中，居里夫人很快发现了一个很大的问题，那就是所有前线和后方的医院差不多都没有X光检查设备！

我们知道，自从1895年伦琴发现X射线以来，不用动手术就可以探查人体内部，可以"看见"人的骨骼和器官，并且照出相片来。1914年，法国只有为数不多的几套伦琴仪器，供放射科医生使用。军事卫生服务机关在几个大机构装备了这种设备，供战时应用，如此而已。

居里夫人清楚地知道，X光设备如果应用到战后医院，

会起到多么大的作用。因此，她要赶快制造许多X光设备。

居里夫人立刻开始了行动。在几个小时之后，她把各大学实验室的仪器都清理了一遍。接着，她又到各制造厂去转了一圈，集中了所有可供使用的X光材料，分给了巴黎地区各医院。可是，受伤的人已经大批地运进了战地医院，而这些医院中还没有这种设备，这该怎么办呢？

居里夫人想出来一个办法，她用法国妇女联合会的款项，改装了第一辆"X光汽车"。她在一辆普通汽车里放了一架伦琴仪器和一个发电机，就用汽车的发动机带动发电机，提供电力。这个完全可以移动的设备从1914年8月起巡回各医院；马纳战役的伤兵运送到巴黎后，都用这个设备检查。

德国军队迅速推进，使居里夫人面对一个需要解决的问题。她是应该到布列塔尼去和她的女儿们在一起，还是应该留在巴黎？若是敌军有占领巴黎的威胁，她是否随卫生机关一起撤退？

居里夫人冷静地考虑这些可能发生的事，最后下定决心：无论发生什么事，她都要留在巴黎。因为她现在担任的救护工作离不开他，她的实验室离不开她，她的精密仪器也离不开她，她亲手创建的镭研究院更离不开她。

她心里默念着："我在这里，德国军队或许不敢抢夺它们，但是假如我离开了，所有的东西都会被战火毁灭。我决不让得胜的敌人走进无人照料的实验室而自鸣得意。"

女科学家居里夫人

战事吃紧，形势所迫。居里夫人决定把女儿们托付给丈夫的哥哥雅克照顾，自己却义无反顾地投入到这场保家卫国的战争中。

现在，居里夫人还有一件最重要的事情去做，她要保护实验室里的那1克镭，不能让侵略者侵占去。这1克镭是她耗尽了多年的心血而得来的，它是属于法国的，是属于爱好和平的全人类的，不属于侵略者。她要拼全力去保护它，她没有把这件宝物交给任何人，而是要亲自把它送到波尔多去。

居里夫人来到实验室，小心翼翼地把1克镭放进一个装着许多小试管并且包了铅皮的匣子，然后把它装进一个结实的箱子里。

随着德军的入侵，法国人大批逃往波尔多。居里夫人跟随他们一起，坐在一辆载满政府官员的火车里。她在车厢头上找到一个座位，把那个装有镭的箱子放在自己的面前，凝视着窗外那一片失败的气象。

天黑的时候，火车到达波尔多，居里夫人还没有找到住处。这时，一个官员认出了她，并为她在一个私人

居里夫人在认真地做实验

住宅里找到了一间住房。

第二天早上，居里夫人把箱子存放在一家银行的保险库里。办完这件事后，她又急着要赶回巴黎。

人们都奇怪地看着这个要回巴黎的女人，一大群人围住她纷纷议论着："你不怕危险吗？"居里夫人不让人知道她是谁，尽力想平息那些使人惊慌的谣传，温和地说："巴黎一定能保住的，居民一定不会有任何危险。"

很快，居里夫人坐上了一列兵车，车上只有她一个"平民"。车子走得很慢，有时一停就是好几个小时。

有一个战士从背包里拿出一大块面包给她，说："夫人，看得出你很饿了，吃块面包吧。"居里夫人才想起自从前一天离开实验室的时候起，她就没有工夫吃任何东西，所以饿得要命。她说声"谢谢"，接受了战士递过来的面包。

当居里夫人回到巴黎的时候，街上到处在传着一个消息。她一打听，才知道德国军队的进攻已经被粉碎了，马纳战役已经开始了。

巴黎得救了。玛丽把她的女儿们接回来，伊芙回学校去，伊雷娜则取得了护士文凭。

1914年9月6日，德国转移了战场，撤离了巴黎。巴黎虽然得救了，但是战争的乌云仍笼罩着法国的其他城市。

居里夫人完全料到了：这场战争是长期的，而且伤亡一定很重，伤员越来越需要就地做手术，前线各战地医院里必

须随时有外科医生和放射科医生，X光汽车会被请去做极有价值的工作。

在战争开始的几个月里，居里夫人和大女儿伊雷娜有过一次重要的商议。

她对女儿说："因为战争需要，政府要求个人捐助金子，并且不久就要发行公债。我想把我所有的金子献出去，加上我的那些对我毫无用处的科学奖章。还有一件事，我把第二次诺贝尔奖的奖金留在了斯德哥尔摩，还是瑞典币。这是我们财产的主要部分。我要把它提回来买战时公债，因为国家需要它。"

女儿也同意妈妈的做法。虽然她们很难理解国家发行公债做什么，但她知道妈妈这样做是为了战争需要，是在帮助国家去打仗。

瑞典币换成了法郎，接着就变成公债、"国民捐款"、"自动捐献"，并且正如居里夫人预料到的，一点一点地消耗完了。居里夫人把她的金子送到法兰西银行，收款的职员接受了金钱却拒绝把那些光荣的奖章送去销毁。居里夫人并不觉得高兴，只好把奖章带回实验室。

除了捐钱捐物，居里夫人还把她的镭献给一个"射气服务机构"使用。她每星期"加工"镭放出来的射气，把它装在管子里，用以治疗"恶性"伤痕和各种皮肤病。因为镭和X射线一样，对人体有各种疗效。

X光汽车，X光设备，射气服务这还不够。

这类新技术所需要的专门人才很缺乏，居里夫人很忧虑，她建议政府开办并常设放射科训练班。不久就有20个人聚在镭研究院学初级课程，包括电学和X射线理论、实习和解剖学。由居里夫人和她的女儿伊雷娜·居里等几个人来教授训练班的课程。

从1916年到1918年，居里夫人训练了150个放射科护士，这些人是从各界招募来的，其中有些人教育程度很低。在居里夫人的耐心教授下，他们学得很快。当她的一个学徒第一次完成一张没有毛病的X光照片时，居里夫人非常高兴，好像这是她自己的胜利一样。

法国的盟邦也相继求助于居里夫人。从1914年起，居里夫人时常到比利时的各医院去。1918年，她带着使命到意大利北方，研究当地放射性物质的资源。稍后，她欢迎美国远征军约20名战士到她的实验室来，教他们放射学。

前线的伤员越来越多，也越来越需要就地做手术，各战地医院必须随时有外科医生和放射科医生，X光汽车发挥了巨大的作用。

军区里的战士们都亲切地称X光汽车为"小居里"。这些汽车都是居里夫人从那些官僚那里一点点争取来的。尽管他们表现出极大的漠视和敌意，但居里夫人仍然毫不让步，和他们据理力争，最终取得了胜利。

女科学家居里夫人

1918年,居里夫人在实验室里惊讶地听到宣布停战的炮声,第一次世界大战以德国战败而结束了。

居里夫人要把镭研究院用旗帜装饰起来,和她的合作者玛特·克兰到附近各铺子里去找法国国旗。国旗都卖光了,结果她只好买了几块三种颜色的布料,由她的女仆匆匆地缝在一起,挂在窗前。

在居里夫人看来,这不只是法国的胜利,还是波兰的胜利。波兰从灰烬中再生了,它过了一个半世纪的奴隶生活,现在恢复了独立。

成长加油站

第一次世界大战爆发,战火烧到巴黎,居里夫人关闭实验室,放弃与女儿团聚,与法国人民一起作战,保家卫国。当发现战场中缺少X光设备,积极筹备X光汽车,流动诊断伤员,在战争中发挥了巨大的作用。居里夫人这种精神值得我们每个人去学习。

延伸思考

1. 法国不是居里夫人的祖国,为什么居里夫人要去保卫它呢?

2. 居里夫人这种舍生忘死的精神,对你有什么启发呢?

第十七章　来自美国的1克镭

战争结束了,世界恢复了平静。居里夫人又投入到了新的工作和研究当中。这时,战胜国的学者与战败国的学者也恢复了交往。居里夫人表示她诚恳地愿意忘掉最近的战争,但是同时她也不肯采取她的某些同事所抱的那种友好和热情的态度。

四年战争期间,居里夫人忠诚地为法国服务,并且救了许多人的性命。但是她认为有些行动是知识分子不应该参与的,她责备莱茵河彼岸在宣言上签字的作家和学者,她认为一个知识分子如果不坚定地保卫文化和思想自由,就是背叛了自己的使命。

"一战"的爆发,居里夫人也卷入了这场战争中,她虽然参加了这次大战,但是并没有成为好战分子,也没有成为宗派主义者。她仍然是一个纯粹的学者。

这时,居里夫人身体好了很多,心情也好了很多,她变得安详多了。时光已经冲淡了旧日的烦恼,她已经放松了很多。

女科学家居里夫人

1920年5月的一个早晨，一位女士来到镭研究院，她是威廉·布朗·麦隆内夫人，在纽约主办一种大型杂志。居里夫人在会客室接见了她。

麦隆内夫人很崇拜居里夫人取得的成就和她的为人，她本是美国一个大记者，极力设法去接近她所崇拜的人。为了这次约会，她等了好多年。

麦隆内夫人曾经参观过美国各个资力雄厚的实验室，对实验室有一定的了解，如爱迪生先生的实验室简直像一座宫殿。当她来到法国后，看到居里夫人的镭研究院，就觉得它太简陋了。麦隆内夫人还去过匹兹堡的一些制镭工厂，工厂冒着滚滚的浓烟，一列列火车装载贵重的钒钾铀矿石来回穿梭。

这次，麦隆内夫人来到了巴黎，她终于见到了发现镭的居里夫人，她问："您好，尊敬的居里夫人，我想知道您和您的丈夫为什么放弃炼制镭的专利权？"

居里夫人平淡地说："镭不应该使任何人发财。镭是化学元素，应该属于全世界。"

麦隆内夫人又问道："如果世界上所有的东西任你挑选，你最愿意要什么？"

居里夫人柔和地回答："我需要1克镭，以便继续我的研究，但是我买不起。镭的价格太贵了。"

麦隆内夫人回到美国后，撰写了大量介绍居里夫妇的文

章，并号召美国人民开展运动，为居里夫人募捐1克镭。麦隆内夫人想出了一个计划：找10个有钱的妇女，10个女百万富翁，劝她们每人出一万元。

但是没有成功，她又想组织一次全美妇女捐款运动。麦隆内夫人组织了一个委员会，在各个城市发起筹募活动。在她拜访居里夫人之后不到一年，她就给居里夫人写信说："款已凑足，镭是你的了！"

但是，作为交换条件，这些美国妇女热切邀请居里夫人前来美国。居里夫人犹豫不决，左右为难。因为如果去了美国，肯定遇到许多排场和折磨的，她想到这些心里就觉得畏惧。

麦隆内夫人一再坚持要她去，告诉她到美国的一切都安排好了。

居里夫人被麦隆内夫人的诚心感动了。她打消了顾虑，决定在自己54岁时进行平生第一次正式的美国之旅。于是，居里夫人带着女儿伊雷娜和伊芙，远渡重洋，来到了美国。

其实，在居里夫人没有去美国之前，美国人民对她就有一种真诚的崇拜，把她列为当代第一流人物。曾经有一个园艺师，因为镭治好了他的癌症，他花了两个月工夫亲自培植了一大束美丽的玫瑰花，使它们发芽并开花，以便居里夫人来美国时，他要当面把花送给居里夫人，以表谢意。

麦隆内夫人接见了居里夫人一行人，他们开了一次紧急

会议，决定接下来的旅行日程安排。几乎美国所有的城市，所有的专科学院，所有的综合大学，都邀请居里夫人去访问；成打的奖章、名誉头衔、名誉博士学位，都在等着她。

麦隆内夫人问："您一定带了大学教授的长袍吧？出席这些仪式，这种长袍是必不可少的！"

居里夫人微笑着说："夫人，您好，我没有带大学教授的长袍，我从来没有穿过这种衣服。"

索尔本教授本都必须有一件长袍，但是居里夫人这位唯一的女教授，从来不穿这种衣服，这种待遇让那些男教授去享用。

麦隆内夫人立刻叫来了裁缝，忙着赶做这种庄严的衣服。长袍的衣料用的是黑罗缎，用丝绒镶边，将来再罩上博士学位应有的色彩鲜明的无袖长袍。

因为从来没有穿过这种衣服，体会不到打扮的乐趣。在试衣服的时候，居里夫人显得很不耐烦，她觉得袖子太碍事，材料又太厚，尤其是绸缎经常在不经意间刺激她那被镭烧坏了的手指，让她感到一阵阵火辣辣的疼。

居里夫人在美国

第十七章　来自美国的1克镭

到5月13日，万事俱备。居里夫人、麦隆内夫人、伊雷娜和伊芙一行人在安德鲁·卡内基夫人家里吃过午餐，在纽约匆匆地游览了一下，就准备按照日程到处参观，然后来到华盛顿准备参加捐赠镭的仪式。

在举行仪式的前夕，麦隆内夫人把赠予文件给居里夫人审阅，居里夫人仔细读完后，从容地说："夫人，这个文件必须修改。美国赠给我的这1克镭，应该永远属于科学；只要我活着，我肯定只将它用于科学研究。但是假如按照文件规定赠予我个人的话，那么在我死后，这一克镭就成了私人财产，成了我的女儿们的物品。这是不行的。我希望文件上改成把它赠予我的实验室。我们能不能找一个律师来？"

麦隆内夫人觉得有点为难，回答说："好吧！既然你愿意这样，我们可以在下星期办正式手续。"

"不要等下星期，不要等明天，就在今晚办妥。这个赠予证书要马上生效，我也许会在几小时内死去的。"居里夫人坚定地说。

于是，麦隆内夫人费了好大的工夫，在这天很晚的时候，找来了一个律师，律师和居里夫人共同草拟了附属证书。居里夫人立刻签了字。

重大的日子到了。1921年5月20日，美国哈定总统在华盛顿举行重大仪式将1克镭赠给居里夫人，大厅里挤满了外交人员、政府高级行政官员、陆海军及大学的代表。

因为装镭的试管太贵重，它们的辐射太危险，所以这次授镭仪式是一个象征的镭，真正赠给居里夫人的镭被分装成许多试管，存放在包了铅皮的匣子里，仍旧留在工厂里。

赠予现场是一个装着"仿制镭"的匣子，放在白宫东厅中央的一张桌子上，等待着仪式正式开始。

下午4点钟，授镭仪式正式开始。一个双扇的门开了，一行人走进来：先是法国大使朱塞昂先生挽着哈定夫人，然后是哈定总统挽着居里夫人，接着是麦隆内夫人、伊雷娜·居里和伊芙·居里，最后是"玛丽·居里委员会"的女士们。

在众人的见证下，哈定总统把一卷用三色丝带扎好的文件交给居里夫人，并且把一个用水纹绸带系着的极小的金钥匙，挂在她的颈上，这是那个装镭匣子的钥匙。

授镭仪式完成，哈定总统开始演说，在讲话中，他恳挚地向居里夫人致辞，说她是一个"高尚的人，忠诚的妻子，慈爱的母亲，除了她那极艰辛的工作之外，还尽到了妇女的全部天职"。

接着，由居里夫人致答谢词，居里夫人感谢哈定总统以及美国人民对她们的欢迎和赠予镭的义举。然后，客人们列队从居里夫人面前走过。居里夫人坐在一张椅子上，一语不发地向他们微笑着。他们逐一走到跟前，居里夫人的女儿们代她握手，并且依照哈定夫人介绍的人的国籍，用英语、波兰语、法语说客气话。

第十七章　来自美国的1克镭

授镭仪式结束以后，居里夫人继续在美国进行参观访问。

在费城，居里夫人和科学界、实业界著名人士交换了礼物：有一个工厂的经理赠送居里夫人50毫克钍；著名的美国哲学学会授予她约翰·斯考特奖章，为了表示感谢，居里夫人赠送这个学会一个"有历史意义的"压电石英静电计，这是她在最初几年研究工作中自己制造并且使用的。

在匹兹堡，她参观了制镭工厂，那1克著名的镭就是这个工厂炼制的。她还参观了包括哈佛、耶鲁在内的几所美国大学，并且又得了一个博士学位。

6月17日，居里夫人的血压极低，不得不第二次中止旅行，医生们都很不安。居里夫人休息了几天，恢复了一点气力，之后到波士顿和纽海文，参观了韦尔斯利、西蒙、拉得克力夫等大学。

6月28日，居里夫人终于结束了整个美国之旅，踏上了奥林匹克号轮船，返回法国。

此次美国之行虽然让居里夫人极其疲倦，但总的说来，也让她满意极了。在函件中，居里夫人说她幸运地"在美国对于法国和波兰的友谊上做了一点极小的贡献"，她觉得自己在美国获得了很大的成功，因为她征服了几百万美国人的心，赢得了所有接近她的人的真挚友谊。一直到居里夫人去世，麦隆内夫人始终是她最忠实、最亲切的朋友。

女科学家居里夫人

成长加油站

居里夫人的崇高人格感动了麦隆内夫人,她发动全美妇女为居里夫人捐赠1克镭,最后终于如愿以偿了。居里夫人远渡重洋取回它,在美国受到了热烈的欢迎。居里夫人用她的人格和魅力征服了爱她的美国人民。

延伸思考

1. 居里夫人是如何得到美国捐赠的1克镭的?

2. 对居里夫人来说,美国捐赠的1克镭将会做什么用途?为什么居里夫人要亲自前往美国?

第十八章　建立华沙研究院

回到法国以后，居里夫人的声誉更上一层楼。介于居里夫人在科学上开拓性的科学建树和在战争中为法国做出的贡献，法国科学院再也不能忽视这位伟大的女性科学家了，科学院愿意主动把院士这顶荣誉交到居里夫人的手上。

多年以前，居里夫人曾以一票之差惜败于竞争对手，与院士荣誉擦肩而过。此时，这个荣誉来得有点迟了。

1922年2月7日，巴黎医学科学院院士的选举结果发表了，居里夫人从此以后就是法国科学院的一员了，成为法国的第一位女院士。

在演讲中，科学院院长说："您是一个伟大的学者，一个竭诚献身工作和为科学牺牲的伟大妇女，一个无论在战争中还是在和平中始终为分外的责任而工作的爱国者，我们向您致敬。您在这里，我们可以从您那儿得到精神上的益处，我们感谢您。有您在我们中间，我们感到自豪。您是第一个进入科学院的法国妇女，但是除您之外，还有哪一个妇女能当之无愧呢？"

女科学家居里夫人

这一年,居里夫人真是风光无限。5月15日,国联理事会一致通过决议,任命居里夫人为国际文化合作委员会委员,这个委员会云集了当时世界各国许多著名人物。

居里夫人以前从不参加这种团体,自从她成了著名人物以来,有几百种慈善事业、几百个联合会和团体请求她列名赞助,她不曾允许过一次。她没有工夫实际去做工作,所以她不愿意参加那些委员会。尤其是她要在各种环境之下保持绝对的政治中立。她不肯放弃她被称为"纯粹学者"这种美好的头衔,不愿置身于意见的纷争之中,连最无害的宣言她也从来不肯签名。

但这次面对国联的邀请,居里夫人迟疑了,最后她同意加入其中,是有特殊意义的,因为国联致力于协调各国矛盾,维护世界和平。她觉得自己应该加入其中,贡献一点力量。

1923年,正好是镭被发现25周年,居里基金会决定郑重庆祝一下。这个庆祝会举办得很隆重,法国政府也派代表来参加这个表示敬意的庆祝会。议会两院一致通过一项法案,给居里夫人4万法郎年金作为"国家酬劳",并规定居里夫人的女儿伊雷娜和伊芙可享有继承权。

如今,居里夫人在法国得到了应有的尊重和爱戴,毕竟居里夫人不是土生土长的法国人,她的根是在波兰的,在波兰她渡过了美好的童年和少年时光。她一直向往着自己的第一祖国,希望在有生之年能为之做点有意义的事情。

自从波兰解放之后,居里夫人心里就有了一个伟大的计划:她在华沙创设一个镭研究院,作为科学研究和癌症治疗的中心。

可是,波兰多年来一直遭受奴役压迫,现在独立之后,元气刚刚恢复,一切都很缺乏:缺乏财力,缺乏专门人才。而居里夫人身体不好,没有时间亲自安排,没有时间亲自募集基金。

虽然困难重重,镭研究院的计划还是在居里夫人和二姐的努力下一步一步地实行着。在一个晴朗的早晨,镭研究院的奠基仪式上,波兰共和国总统砌了研究院的第一块砖,居里夫人砌第二块,华沙市长砌第三块。

居里夫人和好友爱因斯坦

波兰共和国总统惊讶居里夫人出国多年后,祖国语言仍旧说得极好。其实,早年在巴黎的时候,他们之间有过相识。那时,他还是居里夫人的同伴。

这位总统问居里夫人:"你还记得吗?33年前我带着秘密的政治使命回波兰,你借给我一个旅行用的小枕头,那个枕头很有用!"

居里夫人笑着回答："我还记得你忘了还我！"

总统听后哈哈大笑。

如今，他们再次相逢。这次是为了国家，为了研究院的建造而努力。之后的几年时间里，砖块成墙壁，镭研究院逐渐建造完成。然而它缺少了一件最关键的东西——镭。没有镭，研究人员不可能开展关于镭的实验，那么所谓的镭研究院也就是一座庄严的建筑罢了，对科学的发展毫无意义。

居里夫人必须要设法为研究院取得1克镭，可是她和二姐布罗妮雅都已经把大部分积蓄投入进去了，现在哪儿有钱购买1克镭呢？

居里夫人并没有气馁，她考虑了一下，又把注意力转向西方，转向以前曾给她很大帮助的美国，转向麦隆内夫人。居里夫人联系了她，这个慷慨的美国妇女知道居里夫人爱护华沙研究院的心，不下于爱护她自己的实验室。她再次在美国发起募捐活动，募集购买1克镭所需的款项——这是美国赠予居里夫人的第二个1克镭。

美国人民对居里夫人还是那么热情，他们听说居里夫人要在华沙创办镭研究院，需要募集资金购买1克镭，于是纷纷慷慨解囊。不久，麦隆内夫人募集到了足够的资金，为居里夫人送上了美国人民赠予的第二个1克镭。

为了感谢美国人民，1929年10月，居里夫人上船前往纽约，再次踏上美国的土地，代表波兰向美国致谢。像在1921

年一样,人们给她许多荣誉头衔。这次旅行中,胡佛总统邀请她在白宫住了几天。

从美国回来之后,居里夫人和二姐一起为研究院其他方面做着努力。1932年5月29日,居里夫人、二姐布罗妮雅和波兰总统,出席了庄严的华沙镭研究院的揭幕典礼。在过去几个月里,这里已经开始用放射治疗法给病人治病。从此以后波兰的研究人员就可以在这里尽情研究放射学了,病人们也能在这里治疗癌症了。

成长加油站

两度获得诺贝尔奖的居里夫人在国际上获得了崇高的声誉和尊重。但是她并没有忘记自己的祖国波兰,她希望在有生之年能为之做点有意义的事情,于是在姐姐和众人的帮助下建立了华沙研究院。但为了能获得镭,她又不辞辛苦再一次来到美国,得到了第二个1克镭。这种为了国家、为了人民、大公无私的美德值得我们学习。

延伸思考

1. 居里夫人是如何建立华沙研究院的?

2. 倾囊相助建立研究院,再度远赴重洋取得1克镭。居里夫人这样做到底为了什么?

第十九章　最后的时光

居里夫人在长期忘我的工作中，不断地消耗着自己的元气。又因为长期接触镭，被镭射线的辐射摧残着身体。

到晚年的时候，居里夫人的健康状况越来越糟了。她患上了白内障，差点失明，虽然在1923年至1930年期间，依靠三次手术挽救了自己的眼睛，但她的视力还是不可避免地衰退了。她还患有风湿性肩痛的毛病，耳朵也时常耳鸣。

居里夫人被病痛折磨着，她时常谈到自己的死，很镇定地谈论着这一不可避免的事，冷静地说这一类的话，"我的余年显然已经不多了"，或是"在我去世后，镭研究院的命运如何，使我不安"。

但是她内心并不真正平静，她不甘心这样，她需要做的事情还很多。别人认为她的一生可以算是无憾了，但她认为还没有达到她的预期。可是现在留给她的时间已经不是很多了，她陷入了一种焦虑、恐慌之中。

想到这些，居里夫人更急迫地工作，对于疲倦和病痛也更忽视了。在做实验时，她更严厉地要求她的学生们做种种预

第十九章 最后的时光

防：用夹子拿装着放射性物体的试管，不碰没有遮护的试管。而她自己却永远不注意这些。她勉强遵照镭研究院的规则，允许人验她的血。她的血液成分是不正常的。这有什么关系！35年以来，居里夫人一直在接触镭，一直在呼吸镭射气。在4年的战争期间，她还受过伦琴仪器发出来的更危险的射线。

1933年12月，已经66岁的居里夫人再次病倒。经过X光检查得知，她的胆囊里有一块结石，她的父亲斯可罗多夫斯基先生就是死于这种病。为了避免那让人害怕的手术，居里夫人这才开始注意饮食调养，稍微留心自己的健康。

居里夫人计划在梭镇乡间建一所房子，以便到新房子里去休养。她原想做一次旅游，让布罗妮雅看看各处的美丽风景。但是走过几段路，到了她在加发莱尔的别墅里，她就着凉了，觉得浑身疲惫。玛丽冷得发抖，忽然感到失望，倒在布罗妮雅的怀里，像有病的孩子一样抽泣着。

后来阳光普照的天气安慰了她，并且使她感到舒服。等她回到巴黎的时候，她觉得身体好了一点。布罗妮雅回波兰去，不知怎么心里总是感到不安。姐妹俩在开往华沙的火车前，在那常到的月台上，最后一次互相拥抱。

居里夫人时病时愈。在她觉得比较强健的时候，就到实验室去；在觉得眩晕软弱的时候，就留在家里写书。每星期用几小时收拾她的新住房和在梭镇的别墅。

但是她的身体状况越来越让人担心了。她的体温更高，身

体颤抖得更厉害。小女儿伊芙不得不耐心说服她："妈妈，赶快请医生检查检查吧！"居里夫人总是不肯请医生，说："没事的，老毛病了。医生收费那么高，我没有钱酬谢他们。"

1934年5月一个晴朗的下午，居里夫人在物理室里工作到3点半钟，疲乏地抚摸着蒸发皿和仪器，这是她的忠实伴侣。她对她的合作者说："我在发烧，我要回家去。"

从此，居里夫人再也没有起床。她的病没有确诊，有时说是流行性感冒，有时又说是气管炎。居里夫人默默忍受着一切，不肯让人把她送进医院去做全面检查。两次X光照相，五六次分析，仍使被请来检查的专家们困惑不解。似乎没有一个器官有病，看不出明显的病症。只有肺的X光片上有她旧有的病灶和有一点发炎的阴影。

居里夫人这时已经厌倦了毫无效果的治疗，她怀疑是城市的喧闹和灰尘使她难以治愈，于是决定转移到空气清新的疗养院。

在进疗养院之前，伊芙请法国最好的医生来为居里夫人诊视了一次。居里夫人的病势突然加重，但是医生们仍然劝她立刻动身。

这次旅程痛苦不堪，居里夫人在火车上就支持不住了，晕倒在伊芙和护士的怀里。等到把她安顿在桑塞罗谋疗养院中最美丽的一间房子里后，又用X光照了一些相片，检查了几次：她的肺不是病因，这次长途转移全无用处。

第十九章　最后的时光

这时的居里夫人体温超过40度，情况十分危急。疗养院立刻从日内瓦请来一位专家，他比较了最近几天检验血液的结果，看出血里的红白血球数目都减得很快，因此诊断居里夫人患上了极严重的恶性贫血症。居里夫人很忧虑她胆囊里的结石。专家安慰她，告诉她决不给她做任何手术，并且想尽办法来给她治疗。

生命正以极快的速度离开居里夫人的身体。7月3日早晨，居里夫人的体温终于降低了。女儿伊芙告诉她这是身体好转的迹象，可是事实上，这只是回光返照罢了。

居里夫人的意识也渐渐模糊起来，嘴里发出一些可怜的痛苦呻吟，说着一些胡话。她没有叫她的女儿们，也没有叫她的近亲，她还惦记着自己的著作。后来她只是说了几句不清楚的话。当医生来给她抢救时，居里夫人说了她人生的最后一句话："不用了……我希望别打扰我……"

伟大的居里夫人就这样离开了人世，结束了自己辉煌的一生。

疗养院就此写下了死亡报告："居里夫人于1934年7月4日去世。她的病症是一种发展很快的伴有发烧症状的再生障碍性恶性贫血，她的

晚年的居里夫人

女科学家居里夫人

骨髓已经不起反应了,主要原因是长期的辐射导致的病变。"

这个消息由安静的疗养院传了出去,传遍全世界,亲朋好友们都为此悲痛欲绝,一些青年学者在镭研究院里死气沉沉地仪器前面哭泣。乔治·福尼埃是居里夫人喜欢的学生之一,他后来写道:"我们失去了一切。"

7月6日,居里夫人被安葬在梭镇墓地里。她的哥哥姐姐们向墓穴洒下一把从波兰带来的泥土,因为她是波兰的女儿。居里夫人的生命虽然停止了,但是她创建的丰功伟绩不会磨灭,永远激励着后来人。

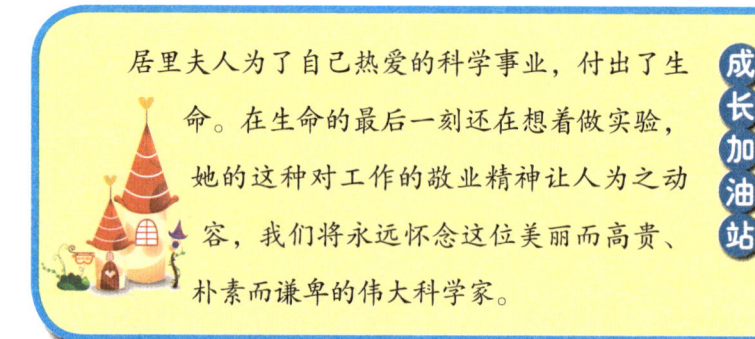

成长加油站

居里夫人为了自己热爱的科学事业,付出了生命。在生命的最后一刻还在想着做实验,她的这种对工作的敬业精神让人为之动容,我们将永远怀念这位美丽而高贵、朴素而谦卑的伟大科学家。

延伸思考

1. 晚年的居里夫人,疾病缠身,她是如何面对生死的?

2. 直到生命的最后一刻,居里夫人还在想着做实验,这种精神对你有什么教育意义?